PINRONG GROUP
品融控股集团有限公司

杭商

指导：杭州市发展研究中心
杭州市社会科学界联合会
杭州市工商业联合会
编辑：《杭商》编辑部
出版：经济管理出版社

全媒体中心电话：0571-85068367
采访部电话：0571-85068763 85172735
设计部电话：0571-85157263 87703205
广告部电话：0571-85811315
发行部电话：0571-85102753

网址：www.cn-hsw.com
邮箱：460031076@qq.com
出版日期：2019年1月15日

主　　办：杭商研究会
杭州企业品牌发展促进会
战略合作：杭商传媒
杭州海外企业家投资联合会

Contents

目录

2019年1月 总第九十九期

杭商公微

封面人物
杭州明视康眼科医院院长郑历

吴建荣：
从装修王到大胡子伯伯
016

周德文：从温州走向世界
030

小平，您好
100

126

金融危机10周年祭

□许小年/文

十年前，一个只有6000多亿美元资产的投资银行倒闭，竟然触发一场前所未有的金融危机，几乎摧毁了总资产2000多万亿美元的美国金融体系。

从各国政要、华尔街老手，到经济学家和白领中产，无不目瞪口呆，人们不约而同地惊呼，这究竟是怎么回事？！

▶ 祸从天降 ◀

掌握着货币供应的美联储是金融市场的天，滔天的祸水正是来自美联储。

危机的源头要追溯到2000年，那年美国的科技泡沫破灭，紧接着于次年发生了9·11恐怖袭击事件。担心美国经济因此而陷入衰退，美联储紧急减息，将利率降到了前所未有的低水平，并一直保持到2005年。当人们盛赞格林斯潘为有史以来最伟大的中央银行家时，祸根已悄然种下。

2001～2005年低利率环境中形成了美国战后最大的房地产泡沫，2005开始的急促加息刺破泡沫，引发金融海啸。

美联储向市场注入的大量流动性并未进入实体经济，与我们今天在中国看到的一样，资金避实就虚，涌进了资产市场。由于股市刚刚遭受科技股暴跌的重创，房地产就成为不二的选择。

投资者偏好房地产，因为股市低迷造成融资困难，科技创新暂时退潮，缺乏新的增长点，实体经济的投资回报不能达到预期。另外，房地产供应短期具有刚性，资金进入带来房价的上涨，立刻就可看到资产增值。在不断上涨的房价和低利率的诱惑下，美国家庭大借按揭，负债率直线上升，按揭贷款余额对GDP的比率从2001年的60%，冲到2007年的100%以上的高峰。

资金推动房价暴涨，收入却无法跟上房价的节奏，结果房价收入比偏离了长期趋势，从2001年的3.6增加到2008年的6倍左右，房地产市场上出现了明显的泡沫。过去买一套房子要用3.6年的工资收入，现在要耗费6年的收入。工薪阶层偿还按揭的负担加重，为日后的债务违约和金融危机埋下伏笔。众所周知，房价和实体经济中的工资存在一定的关系，当收入无法支撑过高的房价时，金融危机在2008年爆发了，房价收入比应声而落，3年之后重返历史平均线。

2008年的大反转是对金融和实体长期脱节的惩罚，极具讽刺意味的是，惩罚之手和肇事之手都是同一只。

当货币发行超过实体经济中财富的创造时，通胀是必然的结果。意识到通胀抬头，美联储于2005年开始加息，动作之快，就像2001年减息一样。在不到2年的时间里，17次加息将基准利率从1%提高到5%以上，这使得美国家庭偿还按揭贷款的月供负担增加了50%到100%不等，对于几乎没有现金储蓄的美国月光族家庭来说，简直就是当头一棒，很多家庭因此宣告破产，来自实体经济的现金收入不足以支付债务还本付息的现金流出，用会计学的语言讲，加息使家庭的资产负债表问题转化为现金流量的问题。现金流枯竭之时，便是金融危机爆发之日。

家庭负债能力归根结底是由实体经济中的收入决定的，而收入又取决于效率也就是劳动生产率。美联储利用低利率诱导家庭增加负债，却不能相应提高他们的收入即偿还能力，因此增加了而不是降低了金融和经济的系统性风险。

在2001到2005的低利率时期，美国房地产出现明显的泡沫，房价收入比脱离历史平均线，持续上升到2008年。地产泡沫破灭后，这个比值随着去杠杆的进行，在两三年的时间里重回平均线。

2007年，美国家庭发生大面积的债务违约，作为抵押品的房屋被银行收回，银行再把这些房屋在市场上拍卖套现并用于抵债，由于卖家太多，房地产价格崩盘了。

房价的下跌促使银行要求债务人追加抵押品，财务原本就紧张的美国家庭捉襟见肘，更多的家庭宣告破产。在房价下跌和债务违约的恶性循环中，以按揭贷款为基础的证券（MBS，Mortgage-Backed Securities）价格大跌，拖累重仓持有这些证券的金融机构例如雷曼兄弟和花旗银行，雷曼兄弟在请求政府救援被拒后倒闭，金融市场发生恐慌，恐慌情绪经由MBS和金融衍生品的交易迅速扩散到全世界。

凯恩斯主义者将危机归咎于华尔街，指责华尔街在贪婪驱使下的金融创新过度，例如次级按揭（Subprime Mortgage）、次级按揭为基础的证券化资产MBS、CDO（Collateralized Debt Obligation）等，经过层层包装之后，终端投资者已经看不清底层资产的风险所在，贸然购买衍生金融产品，“受骗上当”。银行则卖出打包资产回收现金，发放更多的次级按揭，如此形成恶性循环。凯恩斯主义者虽然没有放过美联储，但他们的批评集中在监管上而不是银根的放松上。

创新过度和监管不力的解释听起来很有道理，却经不起仔细的推敲。为什么不早不晚，华尔街偏偏在2002年之后掀起一轮金融创新高潮？原因仍然是美联储的超低利率。

数据显示，次级按揭和MBS的猛增都出现在低利率时期。受美联储基准利率的牵制，现有金融产品的收益率未能达到华尔街的预期，金融机构自然瞄上了收益和风险相对较高的次级按揭贷款，用金融工程的方法，打包按揭贷款，切块卖给投资者。

在不断上涨的房价面前，投资者只顾获取这类金融产品的高收益，对于风险则视而不见。我们固然不能因此说过度金融创新完全是低利率的结果，但美联储的货币政策在相当大的程度上确实要对金融创新负责。

危机爆发后，美联储和美国财政部使出浑身解数，紧急向市场投放货币，为濒于破产的大型金融机构和大型企业注资，终使美国的金融体系免于崩溃。凯恩斯主义者这时一面欢呼美联储救市的伟大功绩；另一面痛批新自由主义经济学，认为放松和解除管制造成了这场金融危机。学派和门户的偏见之深，可以置事实于不顾！

尽管美联储化解金融危机的行动有可圈可点之处，我们不会因其救火之功，而宽恕其纵火之罪。罪之大者，莫过于扭曲市场经济中的一个重要价格——资金的价格即利率。价格信号错误，资源的错配就无法避免，错配的表现形式是过度借债产生的虚假需求和不断膨胀的资产泡沫，以及与“非理性繁荣”形成鲜明对照的实体经济的停滞。

▶ 头疼医脚 ◀

危机过后，美国经济如预期的那样陷入深深的衰退，美联储依然祭出了凯恩斯主义的法宝，大肆放水，通过所谓的数量宽松，继续向经济注入流动性。然而新增货币并未转化为拉动投资和消费需求的贷款，货币躺在商业银行的“地库”里，电子账户上记录为超额储备。

商业银行的超额储备从危机前2007年的3000亿美元，猛增到接近3万亿美元。银行惜贷，货币政策传导机制堵塞，货币政策完全失灵。面对满目疮痍的家庭和自己惨不忍睹的资产负债表，商业银行忙于灾后重整，哪里还敢发放新的贷款?

美国经济的恢复和2009年以来的强劲增长，在很大程度上得益于市场化的去杠杆。资本是无情的，你的按揭违约，抵押品就要被银行收走卖掉，一家老小不得不另寻栖身之处。

笔者2012年到美国考察时，还可以看到不少的空置房屋，原来的主人被迫迁出，临走时破坏了门锁，卸下并搬走洗手间的座便器，拆除餐厅的吊灯，拿走所有可以拿走的东西，其愤怒和绝望之情可见一斑。然而正是通过这种冷酷的去杠杆，银行清理了坏账，家庭降低了负债率，按揭贷款对GDP的比率从最高点的100%多持续下降，回到了长期趋势线上，房价收入比也很快回落到历史平均值。

快速的去杠杆带来了快速的复苏，银行的信贷活动在2012年基本恢复正常，从那之后，美国的经济和资本市场一路高歌前行，直到今天。对比欧盟各国，在全球的低利率时代，杠杆率的上升和美国一样迅速，危机后的去杠杆却比美国慢了许多，银行的不良资产长期未清，信贷活动低迷，导致欧洲经济萎靡不振，如同欧洲股市走势告诉我们的那样。

可笑的是，凯恩斯主义者硬把美国经济的复苏说成是数量宽松的功劳，他们根本无法解释，为什么欧洲也进行了几轮数量宽松，经济状况至今不如美国。

早死早投胎？走出危机后，美国股市连创历史新高，而欧盟受银行不良资产的拖累，股价仍在危机前的水平之下。

大洋此岸，为了应对国际金融危机造成的经济下滑，中国政府启动了前所未有的“4万亿”刺激计划。4万亿实际上只是一个符号，实际投入的资源应该是以十几万亿甚至几十万亿计。财政、货币政策双管齐下，在巨量兴奋剂的作用下，GDP增长果然强劲反弹。一时间风景这边独好，世界经济的火车头带动全球走出萧条。坊间笑称：只有社会主义才能救美国，国人对于这项意外承担的国际主义义务笑而不语，颇有舍我其谁的英雄气概。

我们用电力消耗作为GDP的近似指标，以避免地方政府GDP统计误差造成的失真。2009年执行的“4万亿”刺激计划带来经济的V-型反弹，但仅持续了两三个季度经济增长便掉头向下。2012年传说中的“4万亿2.0”效果更差。

谁料人为的经济景气只是昙花一现，两三个季度之后，GDP重新进入下行通道。于是，“4万亿2.0”甚至3.0陆续推出。怎奈兴奋剂的边际效益递减，无力挽回疲软的颓势，反倒是美国那边日渐好转。

从缘起、爆发、拯救到复苏，这是一个人们曾经耳熟能详的故事。对于人类这样一个记忆短暂的物种，在金融危机十周年之际，我们认为有必要重温这段历史，从中汲取经验和教训。或者，应了那句相传是黑格尔的名言：“人类从历史上学到的唯一教训，就是人类无法从历史上学到教训。”

回归常识

如果人类不至像黑格尔断言的那么无望的话，需要反思的首推货币政策。

实际上，凯恩斯本人对货币政策持高度怀疑的态度，他提出“流动性陷阱”的概念，说明为什么在经济停滞期间货币政策不起作用。当利率处在一个很低的水平上比如0.5%，中央银行增加货币供应，将利率降到0.3%，或者降到零，企业和个人几乎没有反应，因为差别实在微乎其微，减息不能有效刺激投资和消费需求。

我们在美国的金融危机之前和之后，以及今天的中国经济中，都观察到了流动性陷阱，当然，原因和凯恩斯所描述的有着根本的不同之处。凯恩斯的流动性陷阱是一个心理现象：人们通常会忽略微小的变化；而2008年前后的美国和当前的中国经济中，货币政策失效是因为实体经济中很难找到高回报的投资项目，或者因为债务人的杠杆率也就是风险已经过高，或者两者兼而有之。

不幸的是，中国经济目前正在经历这样的双重困境，货币政策失灵。例如央行降低准备金率，商业银行却并不因为可贷资金的增加而扩大信贷，制约信贷的不是资金，而是具有稳定收益和低风险的可贷项目。

实体经济中缺乏可贷项目，原因在于中国的工业化和伴随着工业化的资本积累已基本完成。改革开放以来，中国进行了快速的工业化，工业生产需要资本，资本积累一方面产生了强劲的投资需求，固定资产投资的增长速度平均为GDP的1.5～2倍，成为驱动经济增长的强大引擎。

另一方面资本积累提高了人均资本拥有量，从而提高了劳动生产率和工资，工资的增加又创造了消费需求。如此，处于工业化阶段的经济必然会呈现出“超常”的增长，这样的“奇迹”在历史上屡见不鲜，例如1871年德意志第二帝国成立前后、日本明治维新时期、俄罗斯20世纪初期以及斯大林时代、德国和日本“二战”后的重建、亚洲四小龙的经济起飞，无不与工业化相关。如果说存在奇迹的话，那就是工业化的奇迹，中国也不例外。

工业化完成之后，资本不再稀缺，投资增长速度逐步下降，GDP增长随之放慢。根据一项经济学原理，这时的资本边际收益递减，投资收益和劳动生产率的改善明显低于工业化时代，企业的盈利状况和工资的上涨步伐也不如从前，经济进入后工业化时代的新常态。

笔者认为，中国的工业化和后工业化大致以2008年全球金融危机为分界，体现为2008年之前经济增长速度已经放慢，很多行业出现了产能过剩，产能过剩意味着资本积累因实体投资已无太大需求。

过高的杠杆率是中国经济面临的第二重困境。2008年以来的一系列扩张性政策几乎全靠借贷支撑，导致中国经济宏观负债率在过去十年间迅速上升，从2008年的140%上升到2017年的260%。

意识到债务过高的风险，进入2018年，中国政府开始采取各种措施，降低经济的总体负债率，却遭到各方面的广泛批评。批评者认为中央政府下药过猛，虚弱的经济承受不起，呼吁要讲究去杠杆的方式和方法。去杠杆的具体措施确有值得检讨之处，非市场化的行政手段是最大的问题，造成国有和民营经济的不平等的待遇，有些地方出现优汰劣胜。至于和风细雨的去杠杆或者软着陆，纯粹是书斋和办公室里一厢情愿的天真想象。

纵观现代金融史，没有一次去杠杆不是采取疾风暴雨的形式，从20世纪80年代的拉美债务危机、到90年代日本经济泡沫的破灭、稍后的亚洲金融危机，直到2008年的全球金融危机，哪一次不是付出惨重的代价，换来资产负债表的重新平衡？

可以毫不夸张地说，去杠杆一定会带来经济的剧痛，人人都舒服就不可能去杠杆，今天的小痛是为了避免以后的大痛。这个道理其实人们都明白，只不过商界和金融界不愿意疼在自己的身上，政策制定部门则不想看到责任落在自己头上。

去杠杆半途而废，凯恩斯主义的幽灵在中美贸易战的背景下再次降临。货币信贷政策由紧转松，准备金率下调一个百分点，十万亿量级的投资计划呼之欲出。这一次幽灵会再次显灵吗？

不需要高深的理论，依据常识便可以猜到结果。即使凯恩斯本人也声明，他所说的需求是“有效需求”，尽管他并没有将这个概念贯穿始终，而他的追随者干脆有意无意地忽略了“有效”两字。有效需求就是有支付能力的需求，与之相对的是没有支付能力的、想象的需求（Notional Demand）。

货币增发如果转化为信贷扩张，企业和个人通过借钱看上去增加了购买力，但借的钱终究要偿还，今天支付能力的增加，预示着明天支付能力的减少，货币信贷政策并没有真正增加支付能力，而只是做了支付能力的跨期重新配置。

换句话说，货币政策并没有增加有效需求。实际上，凯恩斯主张的财政政策也没有增加有效需求，因为今天政府支出的增加带来赤字，要用明天更高的税收来弥补，而未来的高税负会减少民间的可支配收入，因而减少民间的有效需求。

追溯凯恩斯的原意，我们会发现需求不足其实是一个伪命题，人们通常所说的需求，是想象的需求或者欲望，哪个企业家不想做大企业？他的投资需求理论上讲是无穷大的。消费者的想象需求更是没有止境，得陇望蜀，哪有知足的时候？真正不足的是有效需求，即有支付能力的需求。

企业想做大，必须进行投资，投资的资金来自利润。个人消费的支付能力来自工资。政府的支付能力来自税收，而税收的源头仍然是企业和个人的收入。这些都是常识。没钱的需求都是假的；借来的钱总要偿还，拖得越久，代价越大。

政府真想拉动需求吗？我们说的是有效需求，那就必须提高企业的效益和员工的劳动生产率，从而提高利润及工资收入。这是从常识而非数学模型推演出来的政策含义，至于如何提高企业的效益，我们在下一节中展开讨论。

▶ 现实意义 ◀

我们从十年前的这场金融危机中学到了什么？

第一，必须保持资产负债表的健康，特别是适当的资产负债比，对于国家经济、企业或家庭都是如此。要像警惕瘟疫一样，警惕债务的无节制增加，把债务控制在实体经济产生的现金流所能维持的水平之下，保证国家、企业或家庭的现金收入足以覆盖各自债务还本付息的现金流出，防止资金链断裂而引发债务和金融危机。毋庸质疑，这些都是常识。

当我们发现负债已经过高的时候，要采取坚决的措施去杠杆，就像中国政府在2000年前后清理四大国有银行的坏账那样，直面问题，解决问题，而不是推诿拖延，或者以表面文章掩盖真像。现在回过头来看，若非那时清理了银行不良资产，补充银行资本金，中国金融体系能否经受住2008年全球金融危机的冲击，都是很难说呢。

保持资产负债表的健康就是保持金融和实体经济的相关性，就是金融的发展不能脱离实体经济。从本质上讲，债务危机不是财务结构的问题，也不是间接融资和直接融资比例失调，而是实体经济产生的收益长期低于资金成本，最终导致资金链断裂，就像2008年美国的家庭收入无法偿还按揭贷款，1997年东南亚各国政府的外汇收入不足以偿还外债一样。

从这个角度看问题，债务豁免、中央银行购买不良债务以及目前我们所看到的债转股，仅仅降低了账面上的资产负债率，而无助于改变实体经济中资产收益低于资金成本这一事实，甚至更坏，在债转股之后。实体经济中的不良资产还是不良资产，资产的收益率还是那么低，而企业的资金成本却比以前更高了。

股权资金的成本显著高于债权资金的成本，这是金融常识。用股权置换债权，虽然可以缓解短期利息支付的压力，但在长期对资金回报的要求更高，给企业造成的经营压力更大。当然，在中国的现实环境中，股民的地位虚弱，股权通常被视为零成本资金。然而违反经济规律不可能不受惩罚，股市丧失服务实体经济的功能就是一个明证。

第二，鉴于资产负债表的重要性，中央银行对货币政策的操作应采取慎之又慎的态度，特别要注意避免货币和信贷的超发，防止将货币政策当作调节经济的方向盘使用。

在货币政策的操作方面，我们赞同立法制定货币政策规则，管住中央银行这只看得见又闲不住的手。现有的弗里德曼规则和泰勒规则尽管不完美，不完美的规则也比完全没有规则强。诺奖得主弗里德曼建议货币供应与GDP增长保持同步，斯坦福大学泰勒教授的基准利率等于GDP增长和通货膨胀率的某种加权平均和。两类规则的表达不同，但精神上是相通的：将货币政策与实体经济的客观指标挂钩，反对中央银行主观任意的“相机抉择”。

如同我们在上面看到的，2008年金融危机的根源正是金融与实体经济脱节，政策规则可谓对症下药。规则的另一优势是防止货币政策跟着政府的指挥棒走，成为政府的第二财政和营造短期政绩的工具。发展中国家的经验证明，十之八九——如果不是百分之百——的货币超发都是财政赤字引起的。

按规则办事，碰上金融危机这样的灾难性事件怎么办？紧急时刻需要央行快速和非常规的干预。这不是问题，非常时期可以由议会授与央行相机决策的权力，就像2008年美国国会特批7000亿美元的财政救助一样，危机结束后收回央行便宜行事的权力，恢复执行货币政策规则。

奥地利学派的逻辑更为彻底，他们主张取消中央银行对利率的干预，市场形成的利率就是“最优”的，因为市场利率自动等于实体经济中的投资回报率即资本的边际收益率，自动保证了债务和偿还能力的匹配，从根本上避免了人为的债务危机。反之，任何偏离资本边际收益的利率都会引起经济的波动。在奥地利学派那里，货币政策不是经济的稳定器，而是一个扰动源。“天下本无事，庸人/智者自扰之”，市场经济中的货币政策实属多余之物，作为货币发行者的中央银行甚至都没有存在的必要。

或许有人会问，没有中央银行的日子怎么过？就像前清遗老惊呼没有皇上的日子怎么过一样，他们对某种超经济、超社会力量存在着严重的心理依赖，凯恩斯主义正是建立在这样的社会心理基础之上的。不用担心，日子照样过。描述无央行的场景超出了这篇文章的范围，仅在这里提请读者注意一个事实：自工业革命以来的现代经济史上，世界各国在相当长的时期内是没有中央银行的，且没有货币政策的时间就更长，而且日子过得并不比有了中央银行之后差。

第三，经济增长靠的是企业效率的提高而不是政策刺激。被凯恩斯主义者扭曲的凯恩斯主义在中国留下了不少的误解，危害最大者莫过于相信经济增长的关键是需求，而拉动需求的有效方法是扩张性的货币和财政政策。让我们再次诉诸常识：印钞票不创造任何价值，政府开支也不创造价值。政府花的钱来自税收，税收是企业和个人创造的价值。财政政策的实质是价值在不同人群间和不同时点上的转移，而不是价值的创造。

从理论上讲，凯恩斯的分析对象本来就是一个没有增长的经济，他要解决的问题是如何使当期GDP尽可能地接近潜在GDP。潜在GDP定义为：给定技术条件，给定资本、劳动、土地等生产要素的数量，当这些资源得到充分利用时，一个国家所能实现的最大GDP。我们所说的经济增长是潜在GDP的提高，与凯恩斯所研究的不是一回事。

遗憾的是，人们经常把当期GDP和潜在GDP两个概念混为一谈。潜在GDP由技术和资源的数量决定，货币、财政政策对技术和资源的数量没有影响，因此与经济增长无关。由于所有生产要素都服从边际收益递减的规律，当边际收益近乎为零时，增加资源的投入也不能带来增长，经济增长的源泉只能是技术的进步。

以中国经济目前的状况而论，资本的边际收益不是接近零也是非常低的，起码在很多地方低于资金成本，否则资金不会脱实向虚，进入资产市场寻求纸面上的增值。这一判断的政策含义不言而喻，为了控制越来越高的债务危机风险，为了避免2008年美国的灾难在中国重演，我们应当一头做减法，下决心推进市场化的去杠杆，降低债务负担；另一头做加法，提高实体经济的资产收益率，增强政府、企业和家庭的债务偿还能力。

提高实体经济的资产收益率，要求企业进行创新，加快技术进步的步伐，要求政府为企业营造一个有利于创新的环境。由于本文的主旨不是讨论创新，我们仅简要列出创新需要的制度改革：加强私人产权特别是知识产权的保护；给予创新的主体民营企业平等待遇；放松和解除管制；以及全面的减税。

创新为何需要这些制度保障以及如何推进改革是制度经济学研究的重大课题，而与凯恩斯经济学毫不相关，熊彼特、道格拉斯—诺斯、威廉—鲍默尔、新科诺奖得主保罗—罗默等人的著作才是我们应该重点关注的。与凯恩斯主义的需求决定论不同，这些大师们的研究集中在供给侧，尤其是创新的机制以及创新对经济增长的决定性作用。

国际金融危机十周年之际，如果我们能够认识到凯恩斯经济学的局限，认识到滥用货币、财政政策的后果，那场危机中所付出的天价“学费”就算没有白缴。

责任编辑/沈意
本文图片为资料图片

杭州，民营企业的圣地

□叶　檀/文

没必要再进行宏大叙事，民营企业效率没什么好置疑的。

过去40年，哪座城市能够建立法治市场经济，哪座城市就有前景；未来10年，哪座城市能够赢得民企的信任，哪座城市的未来就会显得异常光明。

民营企业家的贡献也不用置疑。从80年代的鲁冠球、宗庆后，到90年代的李书福，再到

互联网时代的马云和丁磊，一代代的民营企业家为这个城市、这个国家贡献着自己的热血。

无论是传统制造业，还是互联网高科技企业，三代民营企业家，在杭州都能扎根。

正是由于他们的贡献，从2002年到2017年，浙江省民营经济增加值从5346亿元上升到近3.4万亿元，年均增长13.1%。目前，民营经济创造了浙江省56%的税收、65%的生产总值、77%的外贸出口、80%的就业岗位、90%的新增就业。

群星灿烂的杭州民营企业

杭州作为浙江的省会，民营经济发展更迅速，民营企业实力非常强大。8月29日，全国工商联发布2018年中国民营企业500强榜单，浙江省有93家企业入围，位列全国省份第一；杭州市有36家企业入围，连续十六次蝉联全国城市第一。

另外，2017年末，杭州拥有上市企业163家，数量居全国城市第4位，仅次于北京、上海、深圳。浙江省估值10亿美元以上的独角兽企业有23家，杭州占22家，估值1亿美元以上的准独角兽企业全省120家，杭州占87家。

今年夏天的世界杯，法国队夺冠，球场上的11位球员为法国队赢得了最高荣誉，这是法国足球的胜利，背后是法国足球人才济济，许多非常有天赋的球员甚至没有入围世界杯大名单。

杭州民营经济也一样，无论是上市公司、独角兽企业，还是入榜500强的企业，它们只是杭州民营企业的代表，只是杭州民营经济的缩影。

最重要的是，杭州拥有非常多数量的创业企业、小微企业，这是杭州经济的未来。

数据显示，截至2017年底杭州全市共有小微企业44.06万家，相比上年度净增8.07万家，从业人员总数达到361.11万人；2017全年新增小微企业8.5万家，同比增长28.41%，新设企业数再创新高。

杭州创业环境好、创业氛围浓厚，五湖四海的创业者也都来到杭州追逐梦想。据《2018杭州创新创业指数》数据显示，2017年，杭州创业增长率达到12.23%，创业项目增长率4.09%。小微企业的盈利能力持续提升，盈利企业占比从2015年的62.71%增长至2017年的66.28%。

民营经济是一个地区经济发展的内生力量，杭州民营企业从小到大，一直以来生机勃勃，杭州到底做对了什么，有哪些经验值得其他城市借鉴呢？

根源：政府从管理者变为服务者

杭州温山软水，但骨子里倔强、理智而宽容。北宋时期，杭州就产生了重商思想、行会制度等，到南宋时杭州就成为当时世界上商业最为发达的城市之一，“杭商”几乎成为中国商人的代名词，形成了独具特色的商人团体和商业文化。

这些是杭州独有的地理环境、人文风情，以及商业文化沉淀，所以杭州理解产业是生态链。无论是五金还是纺织、电商，都是产业生态链的自然延展，不会拔苗助长、线性思维。所以，中非首届民营经济合作高峰论坛在杭州举办绝对不是偶然的。

思想解放是深入骨髓的内在动力。站在历史的角度，杭州重商思想也并非一直很兴盛，难能可贵的是杭州领导能够不断地解放思想。早在2008年，杭州就开展了新一轮解放思想大行动，并做出成文决议，实施“城市国际化”战略，走科学城市化道路；推进产业转型升级，构建现代产业体系。

思想解放后，杭州所有逻辑都显得很“合理”，清晰地定位了政府和企业的关系。既不同于温州自下而上发展，政府开始基本以“无为”管理的方式，也不同于苏南的“政府推动”模式，杭州走的是“政府服务”模式。

杭州市政府不断地强调，政府要像店小二一样服务企业，俯下身子降低姿态做服务，从“管理者”变为“服务者”。杭州有一个目标，审批服务“企业最多跑一次，办结最多一个工作日，现场等候最多一小时”，这就是杭州对待民营企业的态度。

不仅如此，杭州还专门建立了服务专员制度，数百位服务专员通过向企业寄送公开信、定期电话联系、开展实地走访等方式，与企业紧密联系。

创业之城　撑起八大万亿产业

“场子我搭好了，欢迎来创业，来了就是贵宾。”这就是杭州。

杭州为外来投资者提供一系列的免费专项服务，如投资咨询、投资促进、投资保障等。在中介服务和金融、保险等方面，投资者也能便捷地得到与国际接轨的相关商务服务。

初创企业无资金、无土地、无办公楼、无地位？杭州不允许出现这种情况。

除对中小企业、新经济企业等实施了税收优惠、财政奖补等扶持政策之外，杭州专门出资成立了多支引导基金，引导社会资本投入创新创业，支持建立了许多众创空间、科技企业孵化器、特色小镇等载体。

截至2017年，杭州市众创空间总数达182家，其中新增市级众创空间31家，新增国家级众创空间20家，累计入驻项目数达4126个。

转贷引导基金也已经帮助数千家企业降低了融资成本。截至2017年9月，杭州市中小企业公共服务平台已累计支持6028家企业完成转贷7494笔，转贷金额424.26亿元，为企业节省转贷成本4.82亿元。

杭州成了创业之城，年轻的创业者不断涌入，人才净流入率连续7个季度居全国城市首位，国家级孵化器数量连续5年居省会城市和副省级城市第一，平均每天诞生602家企业，举办10场以上创业活动。在巨大的创业浪潮下，杭州创业者甚至形成了几个门派，比如阿里系、浙商系、海归系和高校系。

这些众多生机勃勃的企业支撑的是浙江省八大万亿级产业目标。当前杭州正全力打造“1+6”产业体系，重点建设万亿级数字产业集群，文化创意、金融、时尚和生物医药等新兴优势产业也正迅猛发展。

的确，现在民企确实面临着许多困难，比如成本上升，杠杆率上升，但是困难是用来克服的，不是用来绊倒的，民企困难背后实际上是产业升级和产业转型之困。

市场自然选择出最适合当地发展的模式，不会千篇一律，有参差多态之美。40年的改革开放，如同森林，有大树有小草，各自滋润。

对于民企来说，杭州新经济旺盛的生命力，以及民营经济的蓬勃发展已经说明，国企民企之论并非全部的影响因素，也别太纠结于各种不公平，要多思考自己的企业到底选择哪个赛道，是新经济还是旧经济？

对于地方政府来说，我们希望今后多几个像杭州这样亲近民企的城市，给民营企业提供发展壮大的土壤，这才是中国经济的未来。

责任编辑/楼燕红

吴建荣：从装修王到大胡子伯伯

□杭商全媒体记者　周　珂/文　　徐青青/摄

2018年4月28日，全国工商联主办的“回望中国民企四十年——德胜门大讲堂”在北京启动，中南建设、正泰集团代表浙江民营企业参加活动。吴建荣在论坛中表示，“要紧扣时代主旋律、用好用活政策红利，才能开启民营企业发展的黄金时代。”

“民营企业”这四个大字，早已给吴建荣的一生打上了深深的烙印。

1978年，党的十三届三中全会胜利召开，拉开了中国改革开放的序幕。1979年2月，中共中央、国务院转发了第一个关于发展个体经济的报告，个体户开始出现。吴建荣便是在这风云际会的当口，风风火火地做起了“包工头”。

1984年，他成立了萧山长河第二工程队。同年，这支工程队承接了杭州清泰立交桥下1万多平方米旧房子的拆迁工程，并用30天时间完成任务。

渐渐地，萧山长河第二工程队、江南建筑装饰工程公司、浙江中南建筑装饰集团、浙江中南建设集团，这些更迭的公司名称见证了吴建荣在探索中前行，在市场中成长，在改制中壮大，在全球化中拼搏，在竞争中强壮，在新常态中谋变。

2017年春节前，他还很困惑，很多人跟他说，实体经济不行，虚拟经济可以，重资产不行，轻资产可以。

吴建荣想了一个月也没想通，后来他看到了答案：战后德国经历了6次经济衰退，包括两次石油危机和美国次贷危机，但它有极强抵御危机的能力。这主要归功于德国的金融是为实体经济服务的。在西方发达经济体中，金融是属于不发达的地位。

吴建荣推崇德国、日本的工匠精神。日本会有一家1000多年的年糕店，世世代代做这一行。德国一个村子里的小企业，可能就占全球份额中很大一份。这么多年，吴建荣就是想做好自己的事情，诚信立业，坚守实业主业，推进高质量发展。

踩稳一步，再迈一步

10月31日，中南集团与浙江省建筑设计研究院签订EPC战略合作协议，双方将开展更加紧密的合作，形成联合优势共同开拓市场。

在吴建荣看来，双方的结合是适应市场发展的需求，也是提升建筑业整体发展质量的有效途径。随着建筑业产业结构升级，设计与施工一体化已成为行业发展的大趋势，EPC总承包模式正成为建筑业的重要风向标，吴建荣也有此意，要以推进装配式建筑为突破口，推进中南集团主业发展。

他向合作伙伴介绍了近年来中南集团在EPC等新的经营模式上取得的成绩。这些内容他当然烂熟于心，桩桩件件都由其摸着石头过河，一步一步地完成。

1979年，吴建荣的分水岭。

他在这一年，开始创业。

吴建荣是长河人。早些年，他承包了萧山的不少项目。有一次在萧山区开会，当时长河镇镇长碰到他，对他说，“你是长河人，创业就回家创嘛！”就这样，1984年，他回长河成立了一支施工队，起名为“萧山长河第二工程队”，这也是浙江中南集团的前身。

但当时，“家徒四壁”，赤手空拳。

银行不给贷款，国家还没有政策，企业管理的参考资料也是一片空白，遇到的任何事都是之前不曾遇到的，前进路上只能自己探索。但吴建荣始终坚持，诚信立业。不管怎样艰巨的任务，他都力求做到最好。

1986年，工程队参加了清泰立交桥下商场的装饰施工任务，在100天的时间里保质保量地完成了任务。来之不易的机会需配上全力以赴的努力，全力以赴的努力当得起占据行业内的一席之地。因为过硬的质量，吴建荣赚得了创业来的“第一桶金”。

吴建荣大概还是中国最早一批发现建筑装修市场蓝海的人，“当时没有装饰这个概念，但我们认为，随着改革开放的不断深入，老百姓会富起来，生活条件会改善，装饰这个行业的未来发展空间会很大”。可巧妇难为无米之炊，在装修装饰方面，他们并不专业。

怎么办？那就去学习！

双管齐下，吴建荣派员工到深圳、香港去考察，也请专业的技术人员来指导。之后，吴建荣还专门成立了江南装饰公司，并获得了参与北京亚运村装修的资格。他开始被人叫做“江南装修王”“城市建设的美容师”。但蒸蒸日上的事业是不能让他止步的。很快，他就发现了另一片新的蓝海：外装。

如今，幕墙与高端铝合金门窗系统已然是中南集团的金字招牌。中南先后主编和参编了关于幕墙及铝合金门窗13项国家标准，参加由浙江省发改委、建设厅组织的长江流域可再生能源课题组并负责浙江省光伏幕墙的推广和使用，现公司与欧洲建筑幕墙门窗系统第一品牌“海德鲁”战略合作，推广国际一流的节能幕墙和门窗在国内安装使用。

可并非都是坦途。

20世纪90年代，摩托车在国内风靡一时。吴建荣看到了这个商机，并且用实际行动抓住了。1993年，全国只有37万辆摩托车，1997年，中南就生产销售了“奔达”牌摩托车47万

■由中南集团设计开发的中南望京花园楼盘（效果图）　供图　中南集团

■位于杭州市滨江区的中南国际大厦

辆，创税超亿元，产品还被列入了国家机械部的生产目录。

眼看一片红红火火，但形势却瞬息万变。

随着行政区划的调整，属地银行的贷款没办法得到批复，有些原有的政策也无法享受，吴建荣只能忍痛退出摩托车行业。他虽然遗憾，但更多的是急迫，中南需要尽快调整，走出失利，迈向前方。

很快地，随着不断积累的经验，他把目光转向了家居建材。他相信，滨江区未来的发展与老百姓的生活必然越来越好。那么，老百姓对住房的需求自然水涨船高。

于是，下一站，家居建材。

他在江南大道做起了中南建筑装饰材料市场，设有石材板材、卫浴陶瓷、五金油漆、家居布艺等5大区块。这也是行政区划调整后中南集团跟上的第一步部署。

艰苦卓绝的白手起家让吴建荣记忆犹新，他记得刚开始创业时滨江到处是农田，只有两条路能通行：钱江一桥、浙江第一码头。后来四桥通车后，第一码头完成了历史使命，便利之余，吴建荣会觉得有些可惜，在发展的过程中，总有些痕迹就这么被时间抹去了。

动画不是用钱衡量的

台上，吴建荣在演讲。台下，蔡志忠快速为他画了一幅简笔画。

寥寥数笔，勾勒入骨。

跃然于纸上的两撇胡子，仿佛带着魔力，让人一下就记住了这位“大胡子伯伯”。

整日里与建筑打交道，也许很难保有如此亲切和蔼的时刻，但自从2003年开始，吴建荣得到了很多孩子的亲昵。

他是一个居安思危的人，“摩托车不做了，总归要在原来老本行的基础上，不能等到企业不行了再去寻找突破口。”2002年，他看到了动画。2003年，中南跨界了动画。

一时间，“宁可亏损2亿元，也要做动画”的标题在各大新闻网站此起彼伏，将中南集团推到了舆论前沿。吴建荣有些无奈地笑笑，“其实不是的，当时就是想表一下决心，没想到大家都知道了”。

其实，在2004年，浙江省影视动画作品产量几乎为零，杭州甚至还不能生产一部完整的动漫原创作品。吴建荣也是因为这样令人心痛的现状才表这样的决心，“当时中国的动画，是有这个行业，没这个产业。以前的动画片，就是上海电影制片厂、中央电视台在做，可国际上，不管是美国，还是日本，它们已经做得很大了”。

中国的小朋友们，看着环球影城，看着迪士尼，可就是看不到中国的优秀文化，吴建荣不甘心。他也知道，文化产业赚钱难，社会利益要大于经济效益，可他就是要做，他要让小朋友看到中国5000多年的历史文明。

2005年1月，《天眼》在央视首播。

2005年11月26日，《天眼》获得四川电视节金熊猫奖。

目前，“天眼”系列动画片已成为杭州乃至全省原创动画片的拳头产品，除了在全国20多个省市电视台播出外，还在新加坡、韩国、马来西亚等国家和地区播出。

吴建荣由衷感到高兴。

“那时候没有新媒体，只有电视，现在动画这个产业已经起来了。”

他亲历过中国动画产业的严冬，又通过自己的努力，抵达了春天。

可以说，中南集团一直在为中国动画产业、杭州动画产业、滨江动画产业的发展尽自己的一份力。中南集团还为推动中国国际动漫节落户杭州力所能及地尽心发光发热。

可以想见，进行自主原创的产业化探索，并取得明显成效，吴建荣是有要求的。

“中南的动画片卖给平台一般是五年一周期，但我们二轮三轮都能卖得很好，而且几乎不用剪辑，因为我们不是图一时的收视率，而是以创作正能量动画片为己任，暴力的、不良的、低俗的，这是我们的底线，绝不会碰！”不忘初心，吴建荣贯彻得很实在。

吴建荣是一个实在人，绝不打创作擦边球。

2018年，中南卡通办了十五周年发布会，吴建荣上台演讲说，“不忘初心，牢记重托。中南卡通将以动画进行连接，推出更多更有趣的品牌跨界合作产品，让中国儿童享受动画带来的快乐。”这番话得到广电总局与中央电视台领导的高度认可，他们对吴建荣说，“你的坚持是对的，是值得的。”

胡适曾说，“生命本身没有意义，你要能给他什么意义，他就有什么意义，与其终日冥想人生有何意义，不如试用此生做点有意义的事。”既然产业起来了，IP积累了，中南顺势打造了“中南文旅”产业板块，将原创动画与旅游相结合，下一步便是要把动画在线下落地！这自然不是简单地做玩具、文具、童装、饮料等衍生品。

中南集团将对原来的中南乐悠城重新规划，将人工智能融合进去，进行调整做样板，然后进行复制与授权，以动漫为中心的产业链正被中南卡通逐步打通。

22大题材、58部、13万分钟的精品动画，先后在国内400多家电视台及互联网、手机等新媒体热播，并进入世界90多个国家和地区的播映系统。吴建荣给他的人生添了数笔华彩，于是璀璨了少儿的一整片星空。

找到节奏，控制它

“机器人一搭脉，就知道你需要什么了！”

吴建荣为中南规划了下一个进入的领域：人工智能。

建筑工程与文化创意作为中南集团的两大事业版块，正有条不紊，向前迈进。作为国家建筑施工总承包特级资质企业、国家高新技术企业，中南集团在工程建设领域，已形成房屋建筑、幕墙、钢结构、装饰、机电智能、市政园林等完整而紧凑的产业链。近些年，中南集团积极响应国家“一带一路”倡议，进行市场拓展，目前已在东南亚、非洲等地承接工程，在国际上有非常大的竞争力。

主业如此稳定，吴建荣想，中南集团是时候进入下一个新的领域了。就在前不久，他成立了一个人工智能机器人公司，并且正在为之后的人工智能产业园进行选址。

吴建荣表示：“人工智能将来无处不在，所有行业都要跟人工智能连接，包括我们老本行对人工智能的应用，例如智能家居、外墙检测，都是我们科研的重点。中南集团未来会将

■金陵保罗大酒店幕墙工程荣获国家鲁班奖　供图　中南集团

■河南广播电视塔钢结构工程荣获詹天佑奖　供图　中南集团

■《锋速战警》海报　供图　中南集团

■《天眼》海报　供图　中南集团

■《乐比悠悠》海报　供图　中南集团

人工智能作为一个主业来打。”

中南集团最近跟百度、腾讯等企业也在洽谈，中南集团渐渐会有机器人面世。与中科院的战略合作则是在大健康领域。机器人将对病人进行脸部识别，然后为其搭脉，随后将调理须知列出，这也是中南集团的重点研发项目。

中南集团在AR和VR上已有15项研发成果，未来也将引进专业团队。他最近还在研究“空气视频”这个项目，“空气视频，不用其他媒介的，有空气就好，大家就能视频了！”这是很神奇的一个创新品！10月21日，他还去了一趟中科院上海高等研究院，就研发范围与之进行探讨。

吴建荣对中南集团的发展一直有自己的思量，“就像蚕宝宝吃桑叶，做企业不能操之过急。企业发展要健康，在技术和管理上就一定要与时俱进。”他前不久参加了一个改革开放四十周年的论坛，出席者有老将军，有文学家，有科学家，也有他这样的企业家。他上台发言时说，“大家都很厉害，但我们一定要懂得感恩，没有国家改革开放就没有我们的今天，必须好好珍惜。摆正好自己的心态，企业才能健康。”

80年代，跟吴建荣一起开会的人大多不见了。90年代，又冒出来一大帮人，又不见了，他看过太多太多跟他一起出来的企业家，一个个消失在历史洪流中。创业是一个大浪淘沙的过程，吴建荣感慨：“也许很多人觉得我们做实体经济没什么技术含量，但我们中南建设集团下面有4家高新技术企业。我有我自己的发展理念，我也不会去跟风。”

他不是一定要去做引领者，但他希望，大家能够多努力一些，多坚定一点，找到对的路，再一往无前地走下去。

侠意兴殊，做一个“真”的人

所谓精彩，在于面对面关注。

这是一家博物馆的标语。吴建荣就像是一座博物馆，远看庄严巍峨，近看，才能感受到内里的澎湃激昂。

其实，杭商记者在采访前难免有些紧张，坐在对面的这个人，拥有诸多头衔：浙江中南控股集团董事局主席，中国民营文化产业商会副会长，浙江省第十二届、十三届人大代表……可当他说着一口带有萧山味的普通话，招呼记者喝茶后，这丝紧张，便不存在了。

两次获得“风云浙商”荣誉的他觉得幸福的事是什么呢？是在这样的年纪，还能够为自己的国家和社会做力所能及的事情。前不久，中南中层干部开会，吴建荣跟他们讲，“三个健康：企业要健康、身体要健康、心身要健康，只有达到这三个健康，才能做好企业”。

结束时，吴建荣强调了十个字：“勤奋、学习、诚信、创新、责任，我们一定要做好这十个字，为社会出一份力！”吴建荣一直不松懈地在做这十个字，并且对身边人有着同样的要求，对以前的徒弟都管得很紧。他有一个徒弟离婚之后，吴建荣便再不理他，“做企业不能干缺德的事情，做人也是一样的。婚姻是一种责任，不能因为外面的诱惑就抛弃这个责任，结了婚就要担起这份责任”。

尼采在《查拉图斯特拉如是说》中说，“其实人跟树是一样的，越是向往高处的阳光，它的根就越要伸向黑暗的地底。”他做了35年企业，见过太多人情往来。在他看来，凭自己努力耕耘出来的成绩值得尊重，而通过投机取巧得来的金钱都是人民的财产，不属于个人，又怎么能去碰！

所以，吴建荣是一个“真”的人，他一直讲真话，做真事，磊落光明。不请人吃饭，不搞不正当关系。对于底下人，他要求，中南的人，要跟社会上的人保持距离，做好自己的工作就可以了。除了工作上的应酬，他很少参加饭局，但总会邀请朋友来办公室坐坐，喝喝茶，聊过去，聊未来，聊家长里短，聊发展形势。

吴建荣就像是金庸笔下的大侠，重剑无锋，家国情怀，天下大义。

哪怕在街道里，一些小青年问他一些简单的生活问题，吴建荣都会耐心解答。他去浙商商学院为年轻企业家讲课，中心思想就是要感恩，他说：“爱党爱国爱企业爱家庭。我们要相信，没有共产党就没有今天。你们当中有很多人在年纪很小的时候就去国外读书，人家给你尊重，也是因为你们背后有中国！”

这样的事，他讲上三天三夜都讲不完。

言之恳切，情之肺腑，吴建荣便如是。

责任编辑/楼燕红

褚健：与改革开放共命运

□杭商全媒体记者 邹 芸/文 徐青青 李 靖/摄

“没有改革开放，我就不可能走出家乡的‘山沟沟’，不可能上大学，不可能出国，不可能后来搞那么多科研，更不可能创办这样一家企业。”

——褚 健

于褚健而言，改革开放是改变命运的。好像是冥冥之中的牵绊，40年里，在改革开放的每一个关键节点，他的人生也都随之发生着关键性的改变——

比如1978年，15岁的他以优异的成绩考入浙大，便得益于前一年刚刚恢复的高考制度。

再比如1993年，而立之年的他以创始人的身份，创办了中控集团前身浙江大学工业自动化公司，也是得益于一年前为改革开放加码的“南方讲话”。

又比如2003年，年届不惑的他率已经颇具规模与影响力的中控集团跨江而来，落户在杭州高新区（滨江），开启新征程，正契合了这一年提出的“八八战略”。

现如今，站在改革开放40周年的时间节点上，所有的沉浮曲直都已随着钱塘江水奔流而去，再次出发，他依然执着地立于中国工业自动化领域的发展潮头。

从走出“山沟沟”到走出国门

生于20世纪60年代，褚健直言自己是幸运的，因为他的青年时代，正好迎来了改变中国及无数中国人命运的改革开放。

“没有改革开放，我就不可能走出家乡的‘山沟沟’，不可能上大学，不可能出国，不可能后来搞那么多科研，更不可能创办这样一家企业。”说起改革开放的影响，他连用了五个“不可能”来言说命运的转变。

褚健是一个早慧的人，15岁的年纪，别的孩子才刚刚步入高中，但他却已凭借优异的成绩考入了浙江大学化工系工业自动化专业。

大学时代，让褚健印象最深刻的，除了令他感到兴奋不已的各科知识，便是每个月仅有的14元生活费。“在现在看来简直是不能想象的，”他回忆道，“但那时候就是这14元，我每个月还能省出一些。”

物质上的匮乏并没有影响他享用学术带来的精神盛宴。1984年读完硕士之后，他留在了浙江大学继续攻读博士学位，一年半以后，他前往日本京都大学学习，并获博士学位。这个博士学位由浙大化工生产过程自动化及仪表专业与日本京都大学联合培养，他也就此成为浙

◆中控科技集团创始人褚健

大化自专业中日联合培养博士的第一人。

这段留日的经历，对褚健的学术生涯甚至是人生轨迹的影响都是巨大的。虽然他在国内是自动化专业的尖子生，但到了日本，他才真正见识到了发达国家工业自动化的发展水平。“当时，中国的工厂与日本的工厂完全是两码事，差距太大了。”

差距同样巨大的还有两国人民的生活水平。“大家学英语的时候，都学到过一个单词，Supermarket，但到底什么是Supermarket，我出国前真的没有见识过。那时候，即便卫生纸、肥皂等日用品都是很紧俏的。”出国后，他站在日本的超市里，才明白原来Supermarket里，商品可以自如地选购。

这些差距都激励着褚健，让他在学业上更加勤谨。“我当时就只有一个想法，外国人能做到的，中国人也能做到，而且一定能比他们做得更好。”带着这份使命感与责任感，他在学成之后毅然回到浙大，并从此将助力中国工业自动化发展视为己任。

◆中控集团外景

这些差距都激励着褚健，让他在学业上更加勤谨。“我当时就只有一个想法，外国人能做到的，中国人也能做到，而且一定能比他们做得更好。”带着这份使命感与责任感，他在学成之后毅然回到浙大，并从此将助力中国工业自动化发展视为己任。

国之重器，助力工业4.0

众所周知，如今已经进入了工业4.0时代。所谓工业4.0，最关键的标志就是智能化，而工业智能化，最基础的便是控制系统。

“控制系统就是工业的大脑。”褚健告诉记者，“一个工厂，如果没有大脑，就会陷入瘫痪。”如果说工业3.0需要一个工业大脑，那么工业4.0就是需要一个“聪明”且智能的工业大脑。然而，这样一个至关重要的产品，在国内却曾是一片空白。中控成立之前，国内所用的工业控制系统基本上全都依靠进口。

依赖进口的危害究竟有多大？简而言之，一方面，缺乏核心自主知识产权让中国工业的安全性受到很大影响；而另一方面，在国内没有同类产品竞争的情况下，定价权全部集中在国外厂商手中，中国完全没有话语权。

尽管中控成立之初面临的是“蚍蜉撼大树”的局面，但褚健还是坚信中国人一定能做出自己的“工业大脑”来。

“这并非可有可无的产品，而是国之重器。”在信息化高度发达的今天，没有自己的控制系统，就等于没有办法保证信息安全。2010年，伊朗核设施因为受到“震网”病毒攻击而导致了严重的事故，便是一个最发人警醒的例子。“所以，相比公司规模多大，我们更追求自身的产品为国家的经济建设以及国家安全做出贡献，这才是中控的价值所在。”

而在奋斗了20余年之后，中控也的确取得了相当瞩目的成绩。目前，在流程工业领域，中控所占的市场份额已高达23%，中控与SUPCON已成为业内国际知名品牌，SUPCON集散控制系统是自动化行业首个“中国名牌产品”。2017年年底，褚健更亲自发布了面向未来的工业操作系统——supOS，一个可以覆盖基础车间操作、工厂操作以及集团运作的系统。supOS以实现工厂区域的信息全集为突破口，利用集成化、数字化、智能化手段解决生产控制、生产管理、企业经营的综合问题。supOS的定位，就是实现工厂管理平台从功能向智能的转变及升级，是“聪明”大脑的组织基础。

“我们的出发点就是让我们的客户，提高产品质量，提高转化率，提升生产安全，降低能耗与物耗。这些并不是单纯依靠某一产品去解决，而是通过一些算法，然后将它变成软件。刚开始是非常难的，但是一旦做成了，也是很难被复制的。”

作为我国自主知识产权的工业操作系统，supOS对于中国企业参与国际竞争有特别的意义。从全球来看，工业控制系统领域的巨头都已开发和推出了自己的平台：GE的Predix、SIEMENS的 MindSphere、ABB的 ABB Ability等，工业互联网平台的竞争格局已经形成。中控高举自主创新的大旗，率先推出了自主知识产权的工业操作系统，再次站在了时代浪潮之上，为中国在工业智能化领域的竞争中，争得了一席之地。

中控的滨江时代

2001年，钱塘江大桥边的中控科技园破土兴建。两年后，褚健率中控跨江而来，开始了中控的“滨江时代”。

“我们是比较早在滨江‘吃螃蟹’的人。”褚健说，当时中控之所以决定整体搬迁，是因为发展太快，“那几年几乎每年都要搬一次办公室，太麻烦了”。

彼时的滨江远不是如今寸土寸金的情形。褚健清楚地记得，刚搬到滨江时，公司不得不投用了20多辆班车，以满足员工通勤需求。“不仅仅是通勤，当时，大家去哪里吃饭也一样是一个问题。”

“但是，搬过来之后，高新区（滨江）政府对企业的重视和关心，让我深受感染。”尽管刚搬来时有着种种不方便，但褚健还是觉得搬到滨江是一个非常正确的决定，“高新区（滨江）政府非常重视高科技人才与高科技企业，真正成为了一种服务型政府。接下来几年，对于中控来说，一定会迎来再上一层楼的机遇。我们要做的就是，专心致志地做研发，以真正有实力的产品和服务去把握这样的机遇。”

如今，中控旗下中控科技园、中控软件园、中控信息大厦等园区物业都布局在高新区（滨江）。这些园区见证了这座科技新城的发展变化，也成就了工业自动化产业在这里的发展壮大。

“我希望这里能够真正成为硅谷一样的地方。”在滨江十几年，褚健对这片创新热土寄予厚望，“硅谷之所以为硅谷，是因为它每年都有许多真正有价值的科技创新，全世界的新技术会在那里不断地涌现，而其中有一部分是基础性的”。

在褚健看来，基础性的科技创新解决的是从0到1的问题，而基于这些创新的各类应用型创新则是从1到N。可见，从0到1极难，而从1到N则相对容易。

“只有达到一定条件之后，才有可能实现0到1的转变。从0到1，需要一个积累的过程，也需要一种重视科技与创新的氛围。”褚健说，“我期待着在未来，大家提起中国某一项可以引领世界的新技术时，会说这项技术诞生在杭州。”

责任编辑/楼燕红

周德文：从温州走向世界

□杭商全媒体记者 邹 芸/文

尽管一句温州话都不会说，但周德文依然被认为是最“懂”温州的人，几乎没有之一。

自1983年大学毕业分配到温州，他的人生便与这座在中国改革开放后的历史上写下浓墨重彩的城市紧紧地捆绑在了一起。

三十几年的深入研究，让他常常被冠以“温州师爷”“温州代言人”“温州老娘舅”等“雅号”，其名声之大，乃至于时任国务院总理温家宝及现任总理李克强在考察调研温州时，都点名要他参与座谈或调研，温家宝总理还称赞他为“最接地气的经济学家”“温州最有权威的发言人”。

他的“接地气”不仅仅源于他与他所深入研究的温州民营企业一样都来自于“草根”，更在于他数十年如一日地浸润在民营经济的“第一线”，以最为近距离的姿态观察着中国民营企业的一举一动，无论乱云飞渡，抑或气象万千。

有人说，看懂周德文便能看懂温州，看懂温州就能看懂中国。事实上，以服务民营企业为己任的他，似乎已经成为了一把钥匙，解锁着温州模式的种种密码，也试图解开中国民营企业，甚至世界民营中小企业发展中的重重困局。

瓯江畔来了个外地青年

虽然周德文对温州的了解远超过对任何一座城市，但他与温州的缘分却得来全是偶然。

周德文的家乡在距温州市200多公里的衢州江山，虽同处浙江南部，但一西一东、一海一陆的格局让衢州与温州这两座城市拥有着截然不同的气质。他的故乡江山市位于浙闽赣三省交界处，是浙江省的西南部门户和钱塘江源头之一，也是浙江省传统的农业大县之一，素有“中国猕猴桃之乡”“中国白鹅之乡”“中国白菇之乡”“中国蜜蜂之乡”等美称。传统农耕文明的深厚积淀让这里的人崇尚秩序与礼仪，注重对于天时地利的顺应。而温州则全然不同，被誉为“中国犹太人”的温州人，向来都以双重性闻名于世—— 一方面，他们或许是全中国最能吃苦、最有勇气、最为精明的人；另一方面，他们的投机心理、对规则的漠视也常常为人所诟病。

也正是因为如此，当在衢州文化背景里成长起来的周德文大学毕业初到温州之时，遇到了诸多的不理解与不适应。

那是1983年，那时的温州，还远不是如今的样貌。仅仅一年之前，在中国改革史上留下里程碑式烙印的“八大王”事件轰动了全国，温州也因此一下子跃入了不少关心经济的人的视野。人们突然发现这座曾经默默无闻、隅

有人说，看懂周德文便能看懂温州，看懂温州就能看懂中国。事实上，以服务民营企业为己任的他，似乎已经成为了一把钥匙，解锁着温州模式的种种密码，也试图解开中国民营企业、甚至世界民营中小企业发展中的重重困局。

据东海的小城，在改革开放的春风下，生长出了一片生命力非常顽强的“离离野草”。究竟该如何对待这些“野草”？面对这个关系到如何为民间自发的经济行为及组织定性的问题，社会上几派各执己见的声音“争”得不可开交。

百家争鸣，往往最能迸发思想的火花。

虽然那时候的温州只有望江路一条像样的马路，虽然初来乍到的周德文既听不懂当地的方言，也不习惯当地的种种生活习俗，甚至还因为水土不服而身体不适，但他却感到莫名地兴奋，那是一种生逢其时的兴奋。站在瓯江之畔，学经济出身的他敏感地觉察到，他所生活的这座城市，与千千万万的中国城市相比，有些不一样，仿佛改革开放的春风在这里更浓一些，浓得让人有些沉醉。

更让周德文觉得“赶上了”的，是他来到温州不到一年，温州大学开始筹建。作为13个最早的筹建者之一，他成为了温州大学经济管理、国际贸易系最早的一批讲师。站在三尺讲台之上，他不仅尽心竭力地教书育人，也教学相长地夯实了自身的理论基础。更重要的是，年轻而理想丰盈的他，对研究温州经济似乎有着用不完的热情。“那时候，我组织了一批青年企业家和学者，成立了一个青年经济研究会（后改为温州青年经济与管理协会）。这个研究会里当时都是同龄人，都很年轻。初生牛犊不怕虎，面对民营企业这个新生事物，大家都是既好奇又兴奋。所以，我们一到周末或者没有课的时候，就骑着自行车，自发并且自费地走街串巷地去企业去乡村做田野调查。”周德文回忆道，“那时候，温州看起来还是很贫穷落后的，大街小巷里有许多清末民初的建筑，两层木质结构的小楼，城区里六七层的楼在当时看起来简直就是摩天大厦一般。”

穿行在这些古旧的小楼之间，周德文看到不少家庭作坊式的小企业，这些小作坊便是后来“温州模式”最初的雏形。这四个字虽然不是周德文提出来的，但关于这种模式的许多基础性研究工作都是他与当时同在研究会的小伙伴们一起完成的。

这些基础性的研究为社会各界探究“温州模式”提供了最生动、最基础的材料及切入口。著名社会学家费孝通先生三次前来温州，在费先生所撰写的三篇关于“温州模式”的经典论述《小商品大市场》《筑码头闯天下《家底实创业新》中，都有着周德文及研究会的研究“素材和贡献”。一位《南方周末》的记者在前来采访“温州模式”之后也喟叹道：“研究‘温州模式’，周德文是绕不过的一个采访对象。”

而随着这种走街串巷式的田野研究越来越深入、越来越系统，周德文感觉到似乎有着一股新的力量在召唤着他，让他迫切地想从观察者、研究者转变为全然置身其中的参与者、实践者。1993年，在席卷全国的“下海热”中，已经在温州大学从事了近十多年教学研究工作的周德文也顺势辞职了。

辞职后，周德文与他的高龄“学生”——当时的温州“电器大王”郑元忠一起创办了庄吉集团的前身温州威丽斯服装有限公司，并出任了首任董事、总经理，也是公司最原始的五个股东之一。随后，他又在浙江巨龙集团做了几年的职业经理人。在这两家集团近十年的从业经历，让周德文深入温州民营企业的内部去感受中小企业发展的机遇与挑战，同时也积累了企业管理的一手经验教训，这一切都让他对温州以及民营经济有了更深刻的认识与思考。

爱之深

1978年，历经了十年浩劫的中国终于迎来了重抖擞的一刻——以十一届三中全会为标志，中国开启了改革开放的历史进程。改革开放，这个在如今已经积累了卷帙浩繁的研究资料及论述的概念，在当时却几乎等于从零开始。

作为改革开放的总设计师，邓小平同志有一句著名的论断：“摸着石头过河。”至于摸得是什么石头，又将到达哪里，在当时看来，似乎都难以得出结论。于是，在这个“摸石头”的过程中，几种基于当地不同情形而形成的经济模式就突显了出来，而这其中最具代表性的莫过于以特区经济、外贸加工为特征的“珠江模式”，以集体经济、乡镇企业为特征的“苏南模式”，以及以源于民间、自发经营为特征的“温州模式”。

自著名媒体人、《解放日报》原党委书记、副总编辑周瑞金第一次在媒体上公开提出“温州模式”一词起，诞生在温州的民营经济就以其原始蛮力式的增长壮大而得到了广泛的关注。

这种“温州模式”，在周德文看来，有且只有可能诞生于温州。“因为温州这个地方，‘三少一差’，先天条件比较差。”虽然地处江浙，但自古以来，相较于杭嘉湖平原的富庶繁盛，温州便是一个可利用自然资源少的地方。而在以山地为主的温州，人均耕地在浙江最少，不到半亩。在这样缺乏天时地利的条件下，国家对温州的投入也少之又少。“从1949年中华人民共和国成立起一直到改革开放，国家对温州的投入总共是2.7亿元，平均分到每一年的每一个县，那就是微乎其微的一点投入了。”而因为地处浙江东南一隅，温州的交通条件非常之差，当时没有机场、铁路，只有一条通上海的水路和一条路况很差的104国道与外界相接。“那条路当时平均每天就要出三次重大交通事故，说直白一点，就是平均每天都会有人死在这条路上。”

可就算先天条件如此之差，这里还是爆发出了震惊中国甚至全世界的经济活力，这让身处其中的周德文更是感受深刻。

在他的眼中，所谓“温州模式”，最大的特征便是“草根性”。“那些如今赫赫有名的温州企业家，比如南存辉、胡成中、高天乐、郑元豹等，都是出身于草根，并且在创业的早期野蛮生长。”而这种“草根性”也决定了“温州模式”的命运与格局。

“野草是最有生命力的。”周德文感叹说，“温州的民营企业经过了大风大浪，面对一轮又一轮的危机，从来都没有倒下过。”野心、斗志、坚韧、灵活，这些常常用以形容野生动物的形容词，在他看来无一不可用以描述温州的民营经济。

就像白居易在诗中所云：“离离原上草，一岁一枯荣。野火烧不尽，春风吹又生。”温州的民营企业往往有着最顽强的品格，“就拿民间借贷来说，最严重的时候甚至枪毙了一批‘会头’，但作为民营企业的‘孪生兄弟’，民间借贷还是顽强地生存下来，根本扼杀不住的，与其强制扼杀，倒不如合理引导。”

而在“温州模式”中，最打动周德文的则是被概括为“四千四万”的温州精神——走过千山万水，吃尽千辛万苦，历经千难万险，说尽千言万语。四个“千万”将温州人的坚忍不拔、吃苦耐劳与勇往直前刻画到了极致。“这个形象是非常正面的，那种拼搏努力、天不怕地不怕的气质与精神，是非常让人敬佩的。”他以自己的一位挚友为例介绍道，“我的这个朋友，在温州的时候过得很贫困，没有什么出路。在温州‘传帮带’的传统下，他通过亲戚去了巴西。语言不通、文化迥异，可即便如此，他竟然在巴西的热带雨林与原始部落的首领结为了朋友，并因此获得了一片森林的合法开采权，成为了一名杰出的地板商”。

周德文说，自己之所以与这些温州企业家以及与温州产生英雄相惜般的“化学反应”，也是因为这种精神上的契合，“尽管我外在看起来是一个性子很平和的‘书生’，但我与温州人一样，都有着非常勤奋、非常敢拼的一面”。

这样的自我评价绝非虚言，如果打开他的微信朋友圈，你会看到一个每天的日程都安排得满满当当的周德文。

而在日常的各项工作之外，学者出身的他，早已著作等身，《温州样本》《解读温州商人》《走出困局》《疯狂的人民币》《融资密码》《最牛炒房客》《最牛的投资客》等作品都已成为解码温州民营经济的路径，不少人都是通过他的介绍，更深刻地认识了温州，认识了中国民营经济的发展历程。

然而，在2008年前后，却又不少有质疑声在温州的周围响起。那时候，在美国次贷危机的连锁反应下，全球都陷入了一场杀伤力巨大的金融危机。处在高速发展期的中国，虽然不像一些欧美国家那般受到直接的影响，但也在经济全球化的背景下，受到了一定的牵连。在中国民营经济中起着风向标般作用的温州民营经济，逐渐显示出了出身“草根”的先天“劣根性”。有一些企业在完成了资本的原始积累后，因为种种原因而缺乏持续的发展力。而在中国经济泡沫渐长的过程中，“赚快钱”渐渐成为了一种风尚。对“钱”格外敏感的温州人，自然也不会放过这样的机会，并成为“炒”客一族的引领者。

当时，温州本土经济学家周德文感到危机扑面而来，为此，他向政府、社会、企业发出了预警。“其实，温州人从1979年开始就进军房地产了，但是以‘炒房’的形象示人，却是2000年左右的事。‘炒房’的确让不少温州人尝到了甜头，那时候我经常可以听到一些企业家半诉苦半玩笑地和我说，自己的太太‘炒房’，轻轻松松挣得比自己还多。”在金钱的赤裸诱惑下，“炒房”客渐渐演变成无所不“炒”，“煤、棉花甚至大蒜，只要你想得出来的，几乎都有人在‘炒’。因此，投机的标签挂在温州人的身上甩不掉了。

而在美誉度受损之外，更让周德文担心的，是企业家精神的消减，“对于民营经济而言，那种专注事业、永不言弃的企业家精神若是减弱了，是非常可怕的”。因为对温州民营经济深切的感情，在那段日子里，他利用自己的影响力在众多场合发声呼吁，希望大家能够看到“温州模式”遇到的困局，并放弃单纯逐利，重塑企业家精神，引领温州走向新突破、新发展。

“可很多人却批评我‘唱衰’温州，这对我真是天大的误解。温州是我的第二故乡，更是我热爱的家，我的心安之所，我怎么可能会希望温州不好呢？”尽管他对质疑的原因颇为不解，也心有委屈，但在公开场合，他从来都没有为自己辩解过，“我能理解质疑者的心情，我也相信总有一天，他们会认同我的观点。”

爱之深而思之远，思之远而责之切。后来，温州的经济果然如周德文所预言的一般暴露出了种种问题，甚至一度陷入困境。许多曾经的质疑声纷纷转化成为了探询，他们希望周德文能够开出一剂“良方”，药到病除，重新激活民营经济的活力，让企业发展再向前一步。

“活下去”“跑起来”“飞起来”

其实，这张“良方”早已存在于周德文的心中。

从2008年提出要正视危机，到2009年眼看着温州乃至全国各地的民营企业大面积陷入危机甚至濒临倒闭，周德文意识到，仅仅靠自己利用个人影响力，从理论的层面为民营企业鼓与呼已经远远不够了。

到第一线去帮助企业，把自己的理论研究拿到真正的市场中去进行检验，成为了当时周德文心中最迫切的渴望。

“我一直都在帮助企业更好的发展。甚至因为和一些企业家私交也不错，有时候，企业家夫妻间闹了矛盾，都会打电话给我，请我从中调解。”周德文笑言，“所以，我还被他们取了个‘温州老娘舅’的外号”。

不过，更深的原因则是对民营企业家创业守业之难的感同身受：“我自己也办过企业，当过职业经理人，我太知道做企业的酸甜苦辣，也太能理解企业家的辛苦与不易。”

正因如此，周德文决意创办一家以“拯救”企业危机，帮助企业防范风险，健康持续发展为宗旨的企业管理咨询集团，并将之取名为“中和正道”，希望以此为平台，真正为企业，尤其是陷入危机却仍具发展潜力的企业，做一些实实在在的事。

在中国文化中，“和”是一种普世价值观的体现。与人交往，要以和为贵；做企业，更要和气生财。因此，周德文将“和”与儒家传统观念中的中庸之道融合在一起，并佐之以“正道”为集团命名。“做企业不能走歪门邪道，想要长远发展便一

■周德文参加《杭州湾会客厅节目第三季：民企，新时代　新作为》录制　　记者　徐青青摄

定要走正道。”他告诉记者，“作为一家帮助企业渡过危机的管理咨询集团，我们一定要不偏不倚，与企业和谐共生。”

寄愿如斯，周德文在中和正道创立之初便明确地告诉员工，集团并不以经济利益为首要追求，而是以社会价值为奋斗目标。“人们说十年磨一剑，我差不多是四十年磨一剑。虽不敢说这把‘剑’有多厉害，但至少是有一点锋芒的。”周德文说，“我觉得自己有一种使命感，希望能够利用自己数十年积累而来的经验教训与资源，以及一整套系统性、可操作的战略模式，让一些仍然有生命力的企业重新回到市场的竞技场上。”

这套具有系统性，用于突破企业债务死局的新模式的核心是企业债务重组，通过“自救重组”债务危机化解、“整合重生”产业资源整合等手段，针对企业债务过重，专注于“救活企业”，助力中国民营企业“活下去”“跑起来”和“飞起来”。

目前，这套应对债务危机的独特模式已经得到了500多家企业的验证，成功引导这些深陷债务危机的企业进行资产优化、降低债务杠杆、切断担保链、化解法律风险、保卫现金流、维护经营链、避免企业破产、倒闭，从根本上解决企业债务危机，并为企业健康良性发展、持续经营保驾护航。

这样的模式也得到了来自官方的认可——2015年，中和正道被全国工商联系统授予的全国十佳企业“最具创新力”奖，并与全国各地开明的政府建立了全面战略合作关系，点对点帮扶一个个危机企业，面对面帮扶当地产业，以“资本领航”“科技领航”，重塑商业模式，优化产业结构，促进当地经济健康发展。

2016年，在企业债务重组的基础上，集团提供更有实效的“产业资源整合”业务，包括主营业务托管、产业整合并购等后续支持服务，以便在前期扫除企业生存障碍的前提下，彻底解决企业重组成功后期缺乏战略发展资金、缺少科学管理运营机制、缺乏资源整合对接平台的困境。

某省一家玻璃制造有限公司便是中和正道众多整合案例中的一个典型。这家玻璃公司是该省最大的浮法玻璃制造商，已建成550吨/日优质浮法玻璃生产线，年产值可达4亿元，实现了利税数千万。但在2014年，该玻璃公司因扩张过快，盲目投资，出现了资金链断裂，又被银行抽贷、压贷，导致债务居高不下，最终爆发了严重的债务危机。

生死攸关之际，这家企业找到了周德文，并找到了中和正道。经过中和正道项目专家组分析，这家玻璃公司仍然有着原材料充足、设备完善、技术成熟、市场占有率高等诸多竞争优势。如何搬走压死企业的债务“稻草”？中和正道的重组战略专家、资源整合专家经过多次研讨，为这家企业量身制定了一套“自救重组+整合重生”的战略体系，通过制定产业整合战略，以横向与纵向相结合的整合方式，帮助玻璃公司降低生产成本，扩大企业生产规模，强化企业核心竞争力，形成规模经济效应，最终获得新的市场势力、市场范围与市场控制力。

“我们不能发现企业遇到危机了，就让其走破产的道路，这对企业、员工、社会都不是最好的办法。如同人生病了，不能直接送到火葬场，我们总要千方百计地把病人送到医院去看病治疗，把他救活。实在是癌症晚期了，那么谁也救不活，但很多不是癌症晚期，是可以救活的。中和正道就是‘企业医院’，是专门围绕企业怎么生存下去，千方百计利用各种方式方法、利用各种社会资源，来帮扶‘救活’危机企业，所以现在很多地方法院也与中和正道合作，在企业破产之前搭建一个‘预破产’通道，通过中和正道模式，看看能不能把其中一些企业救活。如果救活了，对员工就业、对社会都是一个贡献！”周德文如是说。

目前中和正道已在全国多地建立了子公司、营运中心、办事处等分支机构，并与浙江、山东、福建、江苏、广东、江西、安徽等省市政府部门及市工商联建立了战略合作，共同拯救企业危机，成为当地政府部门指定的危机企业拯救合作权威机构。

走向世界

不知是从哪一年哪一月开始，周德文的时间表里突然就没有了“休假”这一栏，每天的行程安排均以小时计算。不仅如此，在他成立中和正道，忙于帮助企业走出债务危机后，便连在家的时间，也变得少得可怜。

曾经有媒体在采访他时做过统计，发现他一年里有三分之二的时间都在出差，就连他的太太也带着些许自豪、些许无奈地说，周德文并不属于她一个人，而是属于全社会。

为了日常工作中便于与人沟通，他有着三个微信号，饶是这样，三个微信号也长期处于满员的状态。“实在是没办法，我这个人最大的弱点，就是不太好意思说‘拒绝’。”

这个“弱点”在某种意义上反倒成为了他性格中最大的“福报”。与人为善、古道热肠的他，因此而有着遍布天下的朋友。“我常常与人开玩笑，说自己验证过地球是圆的。因为我往西、往东都飞到过南美洲的巴西。”

全球中小企业联盟副主席、民进中央经济委员会副主任、中国中小企业协会副会长、中国中小企业国际合作协会副会长、中国民营经济国际合作商会主席团主席、浙江民营投资企业联合会会长、温州中小企业发展促进会终身荣誉会长……在他头衔多到写不下的名片上，“非洲酋长”的身份格外显眼。原来，因为他曾多次以“民间外交家”的姿态为中非贸易搭建友谊之桥，而被尼日利亚、科特迪瓦两国加冕为荣誉酋长。

他每年都要应邀带领“中国民营企业家代表团”到欧美、非洲、南美、东南亚、中东考察，帮助中国民营企业以国际视野整合资源、拓展商机。因此，他与克林顿、安南、蒙代尔、罗杰斯等政商领袖成为了“朋友”。

便是在国内，深谙“温州模式”的他也被几十家地方政府聘请为顾问，希望他能为当地的经济发展与招商引资指点迷津。“因为我常年研究‘温州模式’，所以我对民营经济有着比较深刻的认识。同时，温州可以说是中国改革开放进程中的先行者，它所取得的成就及遇到的问题，在当今中国具有一定的普遍性。作为顾问，我会向地方政府提出一些建议，希望能够在发展中扬温州之长，而避温州之短。”

这样的希冀在周德文的日常工作中几乎无处不在，2018年9月初，他曾作为对话嘉宾受邀参与了在海南棋子湾开元度假酒店举行的《杭州湾会客厅第三季——民企：新时代，新作为》节目录制。在录制现场的交流中，他也多次提到在中美贸易战不断加码及中国经济发展进入新常态的大背景下，中小企业应该增强危机意识，制定风险预案，通过企业债务重组把债务降到合理的范围，这样企业才能走出危机、继续发展，或者说转型升级。

“未来三到五年，会是一个痛苦的调整期。”周德文说，“大量的存量企业会倒闭，新动能的培养迫在眉睫。”而为了能够让更多的企业不成为调整期的“牺牲品”，他正在积极努力地筹建一个企业帮扶联盟。这个联盟将借助“政、商、学、媒”四界的力量，通过整合四界的头部资源，围绕在经济下行背景下帮扶企业度过危机、化解风险这一主题，将更多的企业从“死亡线”上拉回来，并重获新生。

“这个世界不缺乏机遇，而是缺乏发现机遇的眼睛和把握机遇的能力；世上没有解决不了的危机，只有想不到的战略，请相信方法永远比问题要多；当你痛苦时，当你彷徨时，当你无能为力时，请不要沉浸在自己的世界里，不妨走出去看一看，看看外面的世界，听一听专业人士的声音，也许一个电话、一次交流、一次顿悟，你就能为困境中的企业找到一条自救重生的出路。”这是周德文曾为深陷危机中的企业家们写下的一段话，虽然看起来有那么一点“鸡汤”，但却真的给予过不少企业家勇气与力量，让他们在危难之际想到了周德文，他们中的不少人也因此而艰难又坚定地走出了危机。由此，周德文被中国一些著名企业，如中国500强公司之一的中国人民电器，排名全国第九位的投行——优势资本（财中金控）聘为高级经济顾问或首席经济学家，与企业展开全面战略合作，为企业出谋献策，为企业整合资源，拓展商机。

解企业之困，谋企业所需，数十年来，周德文的人生轨迹都紧紧围绕着企业。憨直而勤勉的付出让他收获了人生不一样的风景与成就。曾经，他为自己写下过这样的人生规划：读十年书、教十年书、办十年企业、写十年书、做十年社会公益。如今看来，这些规划都已从蓝图变为现实，而且每一项都可谓是超额完成，掷地有声。

而在不确定的未来，中国千千万万的民营企业将何去何从或许还是个未知数，但周德文的心之所向却已明确而坚定：“为企业服务，这就是我的终身价值所在”。

责任编辑/楼燕红

傅妙奎和他的柳桥集团

□杭商全媒体记者 周 珂/文

鬼谷子曾言："春生、夏长、秋收、冬藏，天之正也。"阴阳生长，四季变换，事物发展适应着自然法则，企业发展亦是如此。二十五个春秋冬夏，以柳树为桥，荡起的是耐寒的坚韧；以柳桥为名，风雨征程，走出的是无限作为的广阔天地。

就像羽毛，它是轻的、薄的、洁白的，但它舒展开每个触角，一片片积聚起来后，能堆积厚厚的温暖，也能产生泰山般的重量，在傅妙奎蜿蜒的皱纹中镌刻出岁月的璀璨。从他扛起蛇皮袋的那一刻起，目光所及、灵魂所在便是"诚信、秩序、回报、追求"这八个大字，柳桥的立业之本、开创传奇源于此，经营之法、拓展宏图基于此，处世之道、演绎温暖坚于此，挑战之路、续写辉煌定于此。

一薪无焰，而百枝之束燎原。傅妙奎带领着二十五年间集结的6000余名员工，让柳桥成为了打个喷嚏，世界羽绒市场都得感冒的集团公司。事业如此，他对生活的观察亦如此。每天，他会很早上班，很晚下班，可永远看得到更早上班的员工，更晚下班的同仁，这些以厂为家的员工让他欣慰，更让他感怀："经过不断的发展壮大，柳桥集团已经拥有一支团结协作的高效员工队伍，在柳桥这个大家庭，员工在辛勤工作的同时，也享受着共同成长的幸福与快乐。"

一言为重百金轻

可以说，羽毛让傅妙奎的人生完全"变了一个模样"。他曾在泥泞的农田中耕耘，也从学徒工做起，拿起泥刀，做了十四年手艺人，但这些努力，似乎都不能改善家里的生活状况。直到他而立之年，在改革开放春风吹拂下，扛起蛇皮袋，将丰满的羽毛编织出温暖的时光。

人若奋斗了，就可能会犯错误。但自从业始，傅妙奎时刻不敢忘母亲对他的叮嘱："做生意一定要量力而行，千万不可拖欠别人的钱。"1993年，他接手了一家濒临倒闭的羽毛厂，办公室与生产车间全挤在五间平房中。可就是在没有原料、没有客户的情况下，他做到了这样的成绩："到如今，柳桥80%的客户在1993年企业成立的时候就建立了合作关系，这是柳桥取得的最大的成功。"在最荒芜的岁月旅程里，傅妙奎日复一日地以真心结交朋友，凭真情换取信任。

诚者，圣人之本，大哉乾元，万物资始，诚之源也。信者，行之基，人非行无以成，行非信无以立。因诚信而来的声誉，让柳桥渐渐声名鹊起。

可有了自己厂子之后的柳桥，没有想象中那么一帆风顺，而是举步维艰：与名望形成反比，没有外商愿意跟大陆客商直接交易。为了打开

■柳桥集团董事长傅妙奎

外贸销路，傅妙奎和兄弟们几乎跑遍了上海每一家从事羽绒销售的外贸公司和外企驻中国办事处，但依旧屡屡碰壁。直到因缘巧合，在朋友的帮助下，傅妙奎辗转结识到了一位台湾客户。

这位台商给傅妙奎的第一笔订单，是半个月交货7吨粗加工羽毛。有多难？所有人都认为这是不可能完成的任务，傅妙奎也不例外。

“一往无前虎山行”是傅妙奎的真实写照。他很坚定，这第一笔订单，柳桥一定要做得漂漂亮亮！半个月的辛劳与压力我们如今通过言语只能体会十之二三；最终如期将货物运到了交货地点，喜悦与自豪我们也只能分享十之二三。

柳桥出乎意料保质保量地将订单完成，自然得到了台商的另眼相看。有一就有二，几天后，这位台商又给了傅妙奎一笔14吨的订单。这一次，柳桥仍然在约定时间内交了货。这些日子里未曾熄灭的灯火见证了傅妙奎的披荆斩棘，也向世界展现了未来羽绒行业基石的小小雏形。

刚起步的柳桥做出了两单出彩的生意，也打造了一个优秀的柳桥形象：言出必行 行之必果。而后，拨云见日，终窥天光。柳桥在外商中的口碑水涨船高，愿意与之合作的外商自然越来越多。与这位台商合作的第一年，柳桥就做了7000多万元的羽绒生意。而傅妙奎与这位台商的合作也一直延续至今。

庄子曾说，“朴素而天下莫能与之争美。”如今傅妙奎站在世界羽绒市场的高峰，云淡风轻，回望柳桥来时路，“在我看来，信誉是柳桥成功的关键。因为同客户合作得很好，很多老客户都会带新客户过来”。

同舟共济扬帆起

时间是一个趋炎附势的主人，对于一个临去的客人不过和他略微握握手，对于一个新来的客人，却伸出双臂抱住他。欢迎是永远含笑的，告别总是带着叹息。莎士比亚在《特洛伊罗斯与克瑞西达》中这样描述对于时间的理解，揭开玄妙的外衣，入理且深刻。

那么，傅妙奎呢？这位跋涉了无数个日日夜夜的探索者，这位与外界联系得越来越紧密的掌舵者，这位铸就了羽毛伟业的人物，在低首弯腰时，感觉到了流逝，也触碰到了成长，“我们感动于曾经走过的每个足迹。其实我们并没有创造什么奇迹，我们只是做好了自己能够做和应该做的每一件平凡小事，不做不切实际的空想。”

他很少用“我”，傅妙奎喜欢用“我们”。

每一件平凡小事，每一次微小进步，是“我们”同甘共苦的结晶；这些岁月琢磨出来的磨难与成绩，是“我们”乘风破浪的航行。“我们”是傅妙奎拥抱的最感动的财富：柳桥人！

他的话语不多，观察却总细致。在忘掉外界那些赞美时，他欣赏到了生活中细涓的美，源远而流长。傅妙奎永远能珍视到得比他早，走得比他晚的员工，“多年以来，柳桥人身上有一股劲，有一种激情！”管理团队的建设决定着企业的未来，一个组织严密、权责分明、高效团结、秩序井然的团队是柳桥持续发展的保证。

总会有很多人问他，企业要发展，核心是什么。他笑着说：“企业的核心是人，企业的竞争，很大一部分是人才的竞争，尤其是随着技术含量的不断提高，人才已经成了重要的制胜因素。”

于是，我们看到了横空出世的柳桥商学院。

但没有毫无道理的横空出世，没有大量的积累和感悟，是不会把事情做好的。只有不停地进取，才能够不丢人。傅妙奎是沉稳而内敛的。“通过柳桥商学院，可以培养人，更重要的是，可以让我发现人才，哪些人想干事、能干事，都能让商学院这个大熔炉熔炼出来。”傅妙奎清晰地知道，柳桥的未来势必掌握在这些人手中。

从一个家庭作坊式的小企业发展成为今天的集团公司，柳桥的成功是整个团队共同努力的结果，重视员工的学习培训，一直是柳桥的传统。集团邀请国内知名院校教授授课，让柳桥商学院成为集团中高层经理人的摇篮。集团还分批组织管理人员赴上海参加姜岚昕老师的“总裁执行风暴”课程培训。

第一届中高级经理人培训班开学典礼正式开始，第二届、第三届……春华秋实夏蝉冬雪，一届又一届，生生不息地孕育着属于柳桥独有的奇迹。傅妙奎动容，也感恩，“柳桥不再只是公司，而是一个家庭，员工就是柳桥的家人，也应当是财富的分享者。”

“我们”始终在家里，“我们”始终为家而奋斗。

风宜长物放眼量

以清净心看世界，以欢喜心过生活，以平常心生情味，以柔软心除挂碍。《人间有味是清欢》的名言，放在傅妙奎的人生轨迹中，大抵如是：少年时禹禹独行坚定不移，中年时光明磊落汲汲以求，到如今心怀感恩兼济天下。

年少的艰难困苦磨砺了他的心智。人生的路，他一步步走。真正为柳桥保驾护航的，是回报这门最真诚朴实的经营哲学，是傅妙奎的人格选择和文化选择。

一棵树，从树干、花朵、叶子到果实，都与树合而为一，属于相同的维生系统；它们能够生长得蓬勃向上，并非因为炫耀，而是因为拥有祝福。同理心是企业管理者对于员工最好的回馈，傅妙奎深知孩子是一个家庭最大的牵挂，为切实解决员工子女暑期安排问题，8年前开办了柳桥集团小候鸟爱心班。今年为了给孩子们提供更好的环境，东康路厂区由集团工会统一组织，将集团多功能厅进行布置后，开辟为开班场地。

同时，工会还找来在校大学生作为小老师，每天安排作业辅导、绘画、下棋、看卡通片等课程内容，安排工会委员和相关管理人员值班，以更好地维护班级纪律。此外，工会积极联系各类社会资源，参加春泥计划，为孩子们提供更多的趣味课程学习机会：青少年宫的百变折纸、环保宣传画教学课程、浙江中医药大学护理专业的卫生知识……

2018年酷暑，傅妙奎与工会领导走访慰问了高温下坚守岗位的广大一线职工。他先后走访了柳桥实业、恒迪寝具、柳桥家纺等子公司车间现场，亲手将清凉防暑用品送到职工手上，感谢他们不受炎热天气的干扰，依然奋战在自己的岗位上。此外，他还要求各子公司务必要为员工提供充足的防暑降温用品，以此保证员工身体健康。

桩桩件件，皆是小事；桩桩件件，皆暖人心。

大道至简，傅妙奎相信，帮助自己的唯一办法就是帮助他人，企业发展亦如是。2013年，禽流感来袭，羽毛收购价格直线攀升。面对突如其来的市场波动，若为利益驱动，大可趁机囤货居奇，待高价时卖出。显然，这不符合傅妙奎的原则。

他向客户提出“时间换价格”的理性方式，只要单子不是太急，客户可延后下单来缓和价格，减少损失。在众多企业纷纷提高订单价格时，柳桥集团依旧按合同行事，不向客户收高一分价格。熨帖至此，心意自现。

傅妙奎说，“如果一个企业经营者目光短浅，急功近利，那么，他往往会自觉不自觉地‘捞一把，是一把’，缺少应有的信用，企业也就不可能获得长远发展”。

慈悲也不是出于勉强，它像甘露一样从天上降下尘世；它不仅给幸福于受施的人，同样给幸福于施予的人。多年来，傅妙奎投身公益，柳桥集团在扶贫、救灾、助残、教育、体育等方面做出积极的投入，为社会公益事业做出了卓越的贡献。

“只要还有能力帮助别人，就没有权利袖手旁观。”多年来，柳桥集团帮助过1000余名贫困白内障患者重见光明；在雪灾、汶川地震中累计捐款捐物达数千万元；捐赠2200万元“留本冠名”基金支持慈善事业……

世间真正温煦的美色，在熨帖的大地，在潜伏的深谷，柔软的关怀也始终氤氲在傅妙奎心间。

岂容华发待流年

2018年6月3日～5日，傅妙奎率代表团赴欧参加2018年国际羽绒羽毛局（IDFB）年会。每次参加这样的会议，他总将自己以一个学生的姿态出现，仔细聆听不同地域的市场报告，在字里行间梳理出市场背后沟壑纵横的脉络。

因为，总是不够，他希望柳桥能够强一点，再强一点。

体现在傅妙奎的生活中，便是积极进取，是漂亮活着。

“以前的柳桥是订单决定生产，现在的柳桥是生产改变订单。”主语跟宾语的对调并不是一句话的表述那么容易，傅妙奎带领柳桥跋涉了许久许久。

2003年4月，柳桥羽毛公司投资1200万元建成的世界一流的污水处理系统，有效地解决了一直困扰广大羽绒企业的工业废水对环境污染的问题，被誉为行业环保工作的典范。

2007年1月，围绕集团品牌战略规划，导入全新VI识别系统，启动打造“L&Q”新品牌行动，并创立‘柳桥’家纺产品自主品牌。

2010～2012年，柳桥集团作为第一起草单位参与了中华人民共和国轻工业行业标准QB/T1194-91《羽绒睡垫》的修订工作，新标准QB/T1194-2012《羽绒羽毛床垫》于2013年6月1日正式实施。

2013年5月，柳桥集团羽毛绒及制品检测中心荣获中国合格评定国家认可委员（CNAS）颁发的“实验室认可证书”。

2016年，柳桥集团更是提出了“引进新设备，提高生产力；开发新产品，挖掘新客户；运行新系统，改进新模块”等六个新举措。

……

如今的柳桥，拥有10余家子公司，6000余名员工，羽毛年产量2万吨，产品远销50余个国家和地区，是国际羽绒界当之无愧的“航空母舰”。

如此，便够了吗？不够，于是傅妙奎带领柳桥不断前进。

生产线、检测中心、污水处理系统，规模实力年年飞跃。

柳桥成立至今25年，傅妙奎更是与羽毛打了30年交道。做事就会犯错，做事才能进步。佩内洛普·菲兹杰拉德在《离岸》中曾说，“你学过的每一样东西，你遭受的每一次苦难，都会在你一生中的某个时候派上用场”。点滴积蓄而成的力量，未必十足惊艳，但势必十分厚重。“诚信、秩序、回报、追求”，傅妙奎手握着柳桥的这八字企业文化与经营理念，让自己的人生彻底“变了模样”，让柳桥集团成为了声誉卓越的羽绒专家，让一片片柔软的羽毛汇聚出温暖的力量，传递给所有奋斗着的人们!

责任编辑/楼燕红

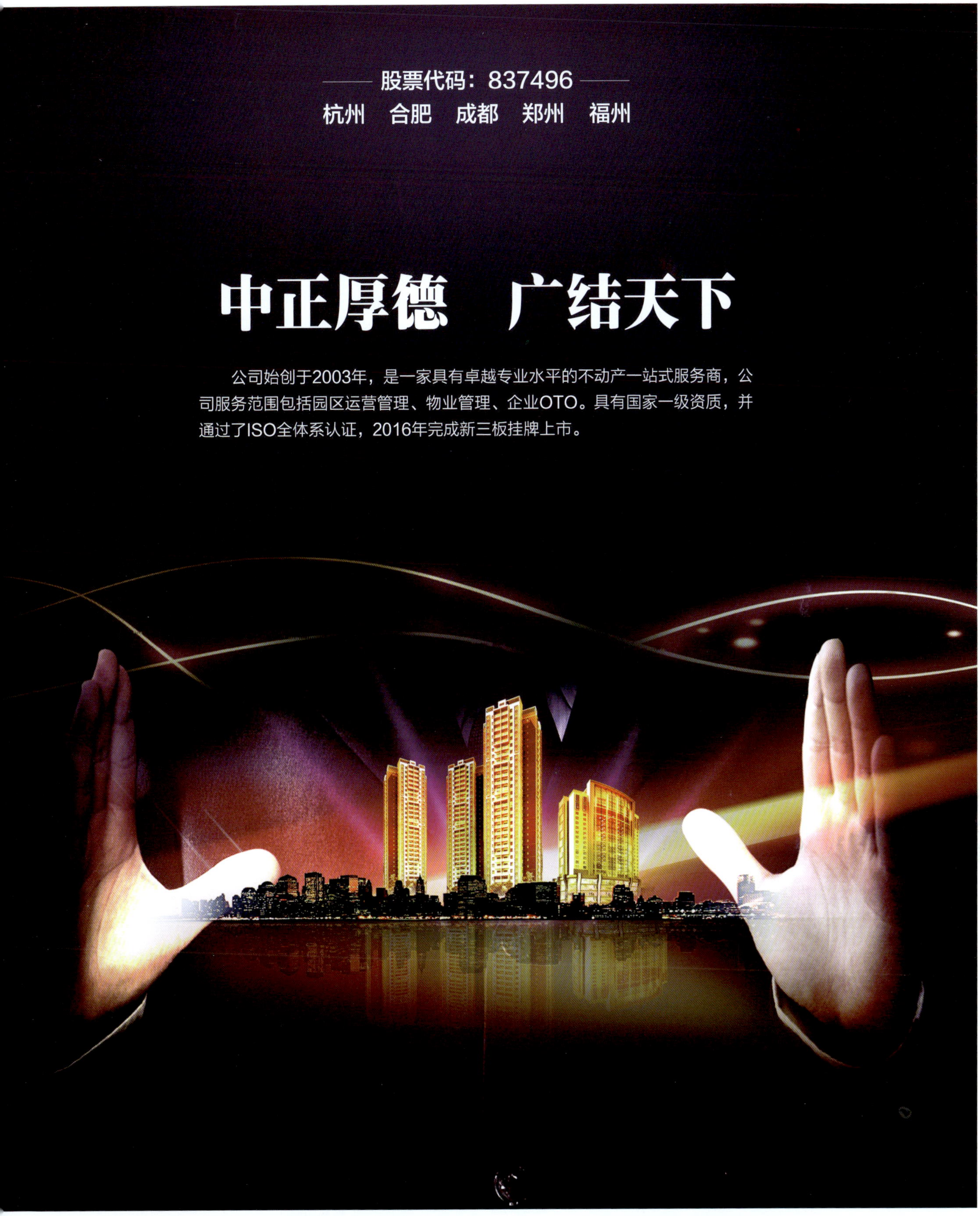

叶秀珠：大医精诚

□杭商全媒体记者　邹　芸/文　　李　靖/摄

专家名片

叶秀珠，浙江省著名心脏病专家。叶氏中医心脏病第十七代传人。13岁随父（著名中医心脏病专家叶宝鑫）从医，19岁时就深得祖传中医秘诀。祖传“保心药”无副作用，疗效显著。经过叶氏家族十七代人的临床证明，是治疗各种心血管病的理想药物。近年师从中南海保健医生、国家级名老中医吉良晨，国医大师路志正，国医大师张灿岬。从事心脏病临床工作30余年，充分运用临床经验，不断对家传秘方进行创新和完善，所取得的特殊疗效引起社会多方面关注，先后被《人民日报》《浙江日报》《中华医药报》《科普报》《海外报》等报刊及多家电视台报道过。擅长治疗心肌炎、风湿性心脏病、高血压性心脏病、肺心病、冠心病、房颤、早搏、高血脂、糖尿病及心动过速、心动过缓等。

自打记事起，叶秀珠的生活里就总有一股子浓浓的中药味。

那是如影随形地陪伴了叶家几百年的香气，它曾飘散在奢丽华贵的宫闱深处，也曾弥漫在青黄不接的田间地头，丝丝缕缕，牵扯着叶家的沉浮荣辱。那略带苦涩的香气，传到她这里，已经是第十七代了。

她是闻着药香长大的。从孩提时代开始，她就隐隐约约地知道，缥缥缈缈的药香里，有着她一生的牵挂与宿命。

秉承家学，明药为医

在叶秀珠最早的记忆中，尽管他们一家人所居住的房子已经非常狭小，但家中却有着一些旁人家没有的东西。

比如，一只刻有“同仁堂”三个大字的竹篮子。这个她儿时最喜欢的玩具，原本属于她的太太公叶润之。曾几何时，她的太太公就是提着这只篮子从同仁堂一路走进了紫禁城，在道光、咸丰、同治三朝担任宫廷御医。

尔后，叶氏中医的衣钵传给了担任同治、光绪两朝御医的太公叶维蕃。但因为当时战争频繁，社会动荡，到了叶秀珠的祖父叶松生这一代，叶家的家道已不如从前。可虽是如此，当时已经定居在浙江衢州的叶家依旧是方圆几十里数得上的大户人家，内有良田美宅，外有医馆药铺、米行盐行等。

她的父亲叶宝鑫8岁便开始学医，继承了祖辈积淀下来的中医精髓，并在中华人民共和国成立后，成为全国第一批经过认定的中医全科医生。

然而，好景不长，1958年，父亲叶宝鑫无辜被打成“右派”，叶家的生活一下子就陷入了窘境。

1961年，叶秀珠就出生在这样困窘的环境中。在当时斗争不断的时代背景下，祖上的荣光成为了叶家最大的“罪名”，她的父母双亲在“文革”中饱受折磨，她自己也在本该上学读书的年纪被学校拒之门外。

但她自幼便聪颖懂事，是父亲心尖上的宝贝囡囡。到十二三岁，虽然叶家曾有传男不传女的祖训，可父亲还是决定要教这个小女儿学中医。就这样，小小年纪的叶秀珠开始了自己的中医生涯。

1976年，“文革”结束，父亲叶宝鑫旋即得到平反，并被安排在衢县医院中医科工作。医院允许叶秀珠跟随父亲抄方学习。父亲却拒绝了医院的好意，而要求将叶秀珠调到中药房工作。

那时候的药房不同于今日，所有的药材都是原材买进，需要药房的药师手工炮制，工作十分辛苦。医院里的其他医生都劝她父亲，把一个十几岁的女孩子放在药房工作太苦了，还是带在身边坐堂随诊来得好。可父亲叶宝鑫很坚决，他告诉叶秀珠，为医者，先明药；细察疾，精遣方——这是叶家祖传的规矩，要想学医便违背不得。那时的叶秀珠虽不是十分理解，但也顺从了父亲的要求，跟随在全省中药师比赛中拿过大奖的苏伟民学药。

“我这个苏师父是个奇人，哪怕闭着眼睛，他只要摸一摸、闻一闻，就能说出是什么药；要是让他再看上一看，他就能说出产地、年份等等。”不过，在当时，这位苏师父可是叶秀珠最怕的人，“他脾气特别大，要求特别严，跟随在他身边的徒弟，经常是不到一个月就受不了走了。”

面对师父的严厉，勤学好问的叶秀珠并没有退缩，而是选择了坚持。晴天，她早上六点半之前准已到了医院，打扫干净院子，把一麻袋一麻袋的药材背到空地上晾晒，一直晒到下午五六点，再一点一点背回去，把灰尘清理干净，直忙到晚上十一二点；雨天，她就在师父的指点下，烧柴烧炭，炮制药材，柴灰炭烟把她的脸熏得黑漆漆的：“那时候，我最不愿的，就是雨天有朋友来找我。”

她的勤奋与努力都被苏师父看在眼里，虽然他从不当面表扬，但在背地里，他总忍不住对医院里的其他医生说：“叶老的这个女儿，以后是有大出息的。”

在学习了一段时间中药以后，叶秀珠考入了卫校学习西医。毕业后，父亲终于允许她随诊，并让她当开路先锋，每每有病患前来，都由她先诊脉。那段日子里，叶秀珠跟着父亲学到了不少的本领。但叶家的绝学——那张来自于宫廷的心脏病治疗秘方，父亲却迟迟没有传授给她。

直到她年过而立。有一个晚上，父亲突然把叶秀珠叫过去，郑重其事地告诉她：“今天，我要把方子交给你了，但是你要答应我，第一不能卖祖，第二不能外传，除了自家儿子。”叶秀珠听闻，连忙答应，并拿出纸笔准备记录。父亲却不允许：“这个方子，你只能记在心里。这套方子涉及50多味药，药量几何，谁君谁臣，你要记得牢牢的。”

到了这时，叶秀珠才明白，父亲迟迟不肯传授祖方，除了对叶家祖训中传男不传女的顾忌，更是因为时机未到。这个秘方并不是一张简单的药方，而是一个十分复杂的体系。用药如用兵，关系的都是人命，没有扎实的中医基础与丰富的实践经验，便是得了方子，也不懂得运用，派不上用场。

本就既刻苦又有悟性的叶秀珠，在继承了祖辈的绝学后，行医水平自然更上一层楼。渐渐地，她的名气越来越大，许多人都慕名而来找她诊治看病。

师从名门，精通道艺

如果说父亲的倾囊所授为叶秀珠打通了中医心脏病治疗的一条大脉，那她日后有幸跟随的三位国医大家，则助她打通了成为中医全科大师的另一条经络。

而这三位师父中的头一位——中南海保健医生、国家级名老中医吉良晨教授，便是由叶秀珠的病人牵线搭桥而认识的。

那位病人是浙江省一家大公司的老总，因为严重高血压、高血脂、房颤，被四名员工抬到了叶秀珠的诊所。病愈后，他便常与人说起这位治疗心脏病的神医，传来传去，就传到了北京的同行那里。北京明道草堂中医药自然医学研究中心的堂主杨力强便联系了叶秀珠，一定请她前去坐堂。

北京明道草堂是藏龙卧虎的地方。在那里坐堂的，许多都是中医界的泰斗级人物，有不少是中央保健局的名医。那时候的叶秀珠，还不到40岁，在明道草堂实在算不上老资格，包括吉良晨教授在内的许多名老中医，对她究竟有几分本事还心存疑虑。

对此，叶秀珠心里明白，但也不以为意，只是尽心尽力地为病人诊治。因为身怀绝技，两个月的坐堂期里，找她看心脏病的患者越来越多，有几位她刚来时只能躺着的病人，经过治疗都能走路了，疗效十分显著。

这一切，吉良晨教授都看到了。有一天，吉良晨教授主动来与她聊天，

在这三段拜师学艺的经历中，叶秀珠对“为医者，先明药；细察疾，精遣方”的叶氏祖训有了更深刻的认识，也理解了父亲当年执意送她去中药房打基本功的苦心：“如果说疾病是敌军，中医医生就是统领部队杀敌的司令，而2000多味中药药材就是医生手下的将士。”

在得知她祖上曾是宫里的御医后，便与她多了几分亲近。原来，吉老的师父是慈禧的随身御医袁鹤侪。

从此之后，吉良晨教授对叶秀珠就更为留心观察。在她回到杭州后，吉老也在每次前来出差时，都要让助理叫她一起来商讨交流。

这样的联系一直持续到2007年。有一天中午，叶秀珠接到了吉良晨教授的儿子打来的电话。“你愿意做吉老的徒弟吗？”听到电话那头传来的声音，叶秀珠一下子激动了起来：“我当然愿意啊。”

“那几天，我高兴得都睡不着觉。”2008年4月19日，叶秀珠正式拜吉良晨为师，从此开始了跟随这位中医泰斗学医诊病的生涯。

她是闻着药香长大的。从孩提时代开始，她就隐隐约约地知道，缥缥缈缈的药香里，有着她的一生的牵挂与宿命。

在跟随吉良晨教授学习期满后，2011年，中国中医药学会“终身成就奖”获得者、首批“国医大师”路志正教授又主动将叶秀珠收为了入室弟子。跟随路老学习了三年，叶秀珠对中医的治疗手段有了更娴熟的运用。

“针灸就是路志正师父教给我的。”有一次，一位曾经在叶秀珠这里看过心脏病的病人，因为得了痛风前来求诊。叶秀珠通过电话，把病人的情况告诉了路老。“他听了就问我有没有试过针灸。”在得知她没有运用过针灸时，路老就详细地向她讲解了针灸的原理，并告诉了她两味药。当天晚上，叶秀珠又遵循着路老的指点查阅了大量的典籍。第二天，她上门为病人医治，半个小时，病人的疼痛感就明显减轻，到了晚上，她便接到患者家属打来的电话，说病人已经不痛了。

经过了吉良晨、路志正两位国医大师的指点，叶秀珠功力大涨。而天助自助者，她的勤学与灵气，让幸运再一次前来眷顾——2015年，又一位国医大师张灿玾教授将她收为了弟子。

她与张灿岬教授的缘分，早在上世纪90年代初，就埋下了伏笔。那时候，她的父亲叶宝鑫向她推荐了名为《黄帝内经素问校释》的书，并称之为“《黄帝内经》最好的注释本”，而注释者正是后来收她为徒的张灿岬教授。

“我父亲对张灿岬教授很敬佩，我也因此而向往已久。”2003年，叶秀珠在北京召开的一个中医药会议上见到了张老，“他风姿儒雅，一点架子都没有。”只可惜，当时的叶秀珠觉得自己资格尚浅，在中医界只是个小字辈，没敢上前与他沟通。

2008年，拜吉良晨教授为师后，叶秀珠在师兄弟李宝泉和许文灿的引荐下，终于去济南看望了张灿岬教授。初次见面，她便与张老相谈甚欢，张老对她印象也非常不错。

但是张灿岬教授有个习惯，凡收弟子，都要经过多年的调查，在他确认能够满足他的要求后，才允许其拜入门下。“他的三个要求是，一要人品好，厚德怀仁；二要酷爱中医作业，甘于贡献；三要安心临床一线，努力为百姓驱除病痛。”对于这三点，叶秀珠很有信心，因此她一边尽心尽力地做好日常的功课，一边耐心地等待张老的调查。2015年，在经过了长达八年的了解之后，张灿岬教授正式收叶秀珠为徒。

在跟随这三位恩师学习中医的过程中，叶秀珠付出了巨大的努力，也收获了丰富的新知。“我的这几位师父都不会直接告诉我答案，都是点拨一二，让我自己去学习了悟。”因此，为了让知识化于内心，融会贯通，她一直保持着晚上自学的习惯。直至今日，她也常常会在结束了一天的坐诊后，读读典籍、翻翻药方，温故知新，“古人说，工夫在诗外。学中医也是如此，没有耕耘，便没有收获。”

而也是在这三段拜师学艺的经历中，叶秀珠对“为医者，先明药；细察疾，精遣方”的叶氏祖训有了更深刻的认识，也理解了父亲当年执意送她去中药房打基本功的苦心：“如果说疾病是敌军，中医医生就是统领部队杀敌的司令，而2000多味中药药材就是医生手下的将士。一个司令如果对手下的将士知之甚少，只能叫出名字，却认不出他们的模样，怎么可能在调兵遣将时做到得心应手，炉火纯青？”

察疾遣方，贵在灵机

“杏林推国手，吴越捧秀珠。”这是吉良晨教授在三年师满之时，赠予爱徒叶秀珠的墨宝。吉老之所以会对她有这么高的评价，不仅仅因为她家学深厚、勤勉刻苦，更因为她聪慧敏捷，一点就通。

拥有5000多年历史的中医，是一门博大精深的学问。学中医，就像是在学武术功夫，想成为高手，不仅一招一式要扎实有力，还需要有点天分和悟性。

武侠小说里，常常有武林高手在某一瞬间突然了悟通达，从而成为一代大侠的情节。对叶秀珠而言，这样的时刻出现在她三十几岁的一个夜晚。

那时候，她还在衢州跟随父亲一起行医。一位省厅的领导在夫人的陪同下慕名前来找她父亲看病。不巧的是，那一天，父亲外出，只有叶秀珠一个人在诊所里。“他一看坐诊的是这么一个年纪轻轻的女孩子，转头就要走。”过了不一会儿，这位领导被夫人拽回了诊室。虽然不情愿，但他还是让叶秀珠给搭了脉，开了药。

“吃了一个多星期，他的病情明显好转了。他们夫妻俩就又来复诊了。”这一次，尽管父亲也在场，但那位领导还是请叶秀珠为他诊治。为了让治疗效果达到最佳，不辜负病人的信任，那一晚叶秀珠几乎没有睡觉，一直在查阅医典，思考药方。“就是那天晚上，我突然就觉得自己一下子开窍了。”电光火石，灵光乍现，这成为了叶秀珠从医生涯中最难忘的夜晚之一。

此后，她对组方遣药有了更多的思悟，也更了解了祖上所传承下的医疗准则。

中医界有句俗语：见病医病，医家大忌。叶氏治疗心脏病的原则便是要心肺同治，肠胃兼顾，五脏六腑同调。因此，叶秀珠在给病人诊治心脏病时，常常会以一些“开路方”先调理胃气。“只有这样，之后的治疗才能有效果。胃气不顺，脾胃失调，再好的药也难以起到疗效。”

对于滋补膏方，她更是强调要补中有治，治中有补，同时通补。“一般而言，吃膏方只强调补与治，但是在我们叶家的原则里，还要加上‘同时通补’。”她告诉记者，开膏方不能只看到患者眼前的症状，要想到这一剂膏方在服用过程中会让患者的体质发生哪些改变；改变后，膏方中的药及药量是否能起到滋补的作用。“有人说中医没有西医那么精准，实际上，中医的精准性非常高，同一副方子，药量的微小差异也许就会让效果发生本质的变化。传统的膏方都是荤膏，要用到阿胶、龟板胶、鳖甲胶等，并不是所有患者都适用，碰到有些不适合吃荤膏的或者还有些信佛教不吃荤的，我会给他开素膏，这个组方配伍以及制作方法是我们家祖传的。”而对于这份精准性的把握，需要大量实践经验的支撑，也需要刻苦地钻研与领悟。

中医注重典籍，但也绝非泥古不化。在叶氏祖方的传承过程中，叶秀珠也常常有着创新之举。“以前说人生七十古来稀，现在70岁才算是步入了老年的门槛。这就要求我们中医要活学活用，大胆创新。”她的创新不局限在中医领域，更常与西医进行结合，取其之长，补己之短。在她看来，中医西医不过是殊途同归，最终的目的都是救死扶伤，予人健康。

而今，从医近五十载的叶秀珠，在坐堂诊病之余，也在潜心培养着下一代——儿子梅煜川，从安徽中医药大学毕业后一直跟母亲抄方学习；还有弟子郑晓莉、叶若轩等。让这些晚辈把叶氏心脏病治疗之法传承下去，让缕缕药香为更多的患者送去福音，便是叶秀珠如今最诚挚的心愿。

叶医生的养心之道：

心主神明。良好的生活习惯对心脏保养很关键。

第一，尽可能不要熬夜。熬夜对心脏的损伤很大，要尽可能在晚上11点之前就寝。如果晚上睡眠不足，则第二天中午应小憩片刻，补充精力；

第二，尽量不要生气。生气，尤其是发怒，非常耗损心力；

第三，释放压力。现代人生活节奏快、压力大，要学会自我释压，才能保养好心脏；

第四，要适量运动，最好是每天散步，在中医的理论中，适量的运动有助于身体补气，每天进行适量的运动，对健康大有裨益。

责任编辑/沈丽萍

心 系 环 保 持 之 以 恒

公司位于杭州市萧山区蜀山街道章潘桥村，经过浙发改设计[2004]72号文批准，采用由浙江大学开发的、获得国家科技进步二等奖的“异重循环流化床垃圾焚烧技术”，建设800吨/日大规模清洁焚烧城市生活垃圾的高技术产业化示范工程。该项目是浙江省2005年重点建设项目。公司占地面积88亩，绿化面积45%以上，建设设计规模：3台55循环流化床锅炉，配套2台12MW发电机组，总投资4.5亿元。

垃圾由萧山区环卫处车辆统一调度运输，进入厂区时间为每天6:00～17:00，垃圾质量由萧山区执法局监管中心监控，所有垃圾重量联网在线。公司作为当地区政府垃圾收集处理机制的重要一环，自2007年8月投产运行至今，已处理萧山城区、南片及东片大部区域生活垃圾435.7万吨，发电量15.2亿度，已连续安全、环保处置了当地260万人口产生的垃圾总量的50%以上，实现了垃圾处置“资源化、无害化、减量化”目标。公司不仅减轻了萧山区周边垃圾处理的困境，同时为节约当地宝贵的土地资源、改善环境状况起到了积极的作用。目前年清洁焚烧垃圾35万吨以上。

公司每年不定期邀请萧山区人大代表、各大社区老年人代表、各学校学生代表、萧山区环卫小记者们来公司参观交流。2017年度公司接待集团市场开发部、萧山区各职能部门共计250余次，共接待人员4800余人；多次接待多省市领导及萧山中小学校师生、全国职能部门（包括泰国项目、丹麦、杭州市政府专项等检查）。公司主动积极参加蜀山街道每年组织的多项体育活动，与周边百姓一直保持和谐的邻里关系。

◎地址：杭州市湖墅南路111号锦江大厦 ◎邮编：310005
◎电话：0571-88389111 ◎传真：0571-88388848 ◎Http://www.jinjiang-group.com

杭州萧山锦江绿色能源有限公司

华建华的“大农业”梦

□杭商全媒体记者　邹　芸/文　徐青青/摄

华建华从没有下过田，却在2017年，做起了“大农业”的梦。

之所以说是“大农业”，是因为在他的构想之中，杭州域农科技股份有限公司绝非一家普通的农产品销售公司，而应该承载着引领中国有机农产品整体业态转型升级的使命。

这样的使命感让一贯低调做人、高调做事的他，将域农的成立发布会定位为全球新闻发布会。虽然乍听起来，似乎有那么两分“狂妄”，他却引用马云的名言解释道：“做事情，格局一定要高。梦想总是要有的，万一实现了呢？”

其实，如果与他深谈，你就会发现他“高调”背后的另一面：踏实、勤奋、充满热情、不放过任何一个可以抓住的机会……或许，这些就是他的底气，而这些底气也支撑着他，让他在年过半百之后，华丽转身，投入农业，并全力追寻着心中的“大农业”之梦。

“不安分”的人生

华建华中气十足，声音洪亮。采访中，每当谈到兴头上，他总是神采飞扬。如果说言为心声，那他一定是一个爽直而热情的人。这样的人，大多骨子里都有些豪放，凡事不出手则已，一出手则一定要声动四方。

翻开他的履历，这样的印象便会得到印证。

曾经是中学物理教师的他，在20世纪80年代中期，就离开了三尺讲台，前去物资系统工作。后来，不到而立之年的他，又因为魄力和才华被一家合资企业“挖”去担任旗下物资公司的总经理。在大多数同龄人尚且靠着百余元死工资精打细算地过日子时，华建华就提前过上了颇为富裕而安逸的生活。

不过，这样的生活却从来都不是华建华想要的。出生于知识分子家庭，他从小就接受了典型的正统教育。要做事，并且要做“大事”，努力成就一番事业的目标早已深深地耕种在他的心里。

所以，当20世纪90年代的“下海潮”来临时，他毫不犹豫地就辞去了工作，当了一名个体户，创办了机电物资公司。

创业之路险象环生，尝尽了酸甜苦辣的他，最终收获了成功，并由此而掘到了创业的“第一桶金”，完成了人生的原始积累。就在周围朋友都认定他将会好好地开公司，做生意的时候，他却又打出了不同常理的“牌”——出国深造。

于是，对英文不精通也从未去过英国的他负笈英伦小镇牛津，完成了MBA课程。学成之后，他回到杭州，重新出发，把目光投向了电力安装行业。

实干的经验积累叠加先进科学的管理理念，华建华的事业很快有了起色。在他的大胆创新之下，公司在机电设备安装行业中逐渐做大，成为了同行中的佼佼者。

公司的出色表现吸引了行业中龙头集团的注意，华建华也因此被邀请出任浙江城投集团的总裁，成为了浙江乃至全国城市化建设中的一员。

就当所有人认为他终于安定下来过舒逸生活的时候，华建华却又悄然转身了。这一次的转身，让不少了解他的人都倍感惊讶：“什么，你要去做农业？”“是的，我不仅要做农业，更要做有机农产品销售行业的引领者。”

为什么会产生这样的想法？“我想，我做出这个决定，是有多重考虑的。第一，我是非常注重健康养生的人，我一直非常认同‘健康是一，其余都是一后面的零’这个理念；第二，随着社会的发展，人民的生活水平不断提高，大家对于健康食品的需求也会随着水涨船高；第三，我是一个非常关心国家大政方针政策的人，已经连续十几年了，中央一号文件都是以‘三农问题’为主题，我想这足以说明国家对农业发展的重视，我也希望能够为国家的农业发展做一点自己的贡献。”华建华说，“有时候，我听到新闻报道里说哪里的农产品又滞销了，农民宁可让农产品烂在地里或者烂在树上也不去收割采摘，我就非常心痛。尤其是一些偏远山区，他们的产品是纯天然的有机产品，市面上售价并不便宜，可他们却因为产品没有销路或是一级级批发商的层层‘盘剥’而不得不浪费，实在太可惜了。”

在商人的敏锐与长者的悲悯的共同作用下，华建华开始构思自己关于投身农业，再次创业的蓝图，怎么样才能让农民受益？让消费者受益？让整个社会都从中受益？一连串的问题在他的心里翻腾。而就在这时，仿佛是他的愿望变成了磁石，一个让他做梦都想不到的机遇出现了。

“安定”的创业心

创业，有的时候就是一件始于一念的事。起了某个念头，并进行深入思考，再利用身边一切可以利用的资源让这个念头成为可以切实落地的项目，能够做到这些的人，便是当之无愧的创业者。

显然，华建华就是这样一位创业者。

他爱折腾，但对于创业，他的心是安定的，认准了一条路，他便会毅然决然，披荆斩棘地走下去。

在有了成立一家为农业服务的企业的念头后，华建华参加了许许多多关于构筑大健康平台方面的活动，并从中收获了许多关于农业发展的先进理念。

因为屡屡在与农业相关的活动中露面，中华全国供销合作总社旗下的全国农民专业合作社直销中心注意到了华建华，中心的工作人员找到他，希望能够彼此合作，共同成立一家促进农业发展的企业。

面对这样梦寐以求的机会，华建华欣然答应。

2017年，由中华全国供销合作总社全国农民专业合作社直销中心与浙江城投集团强强联手共同筹建的杭州域农科技股份有限公司作为政府招商引资项目落户在了杭州空港经济区。8月20日，华建华组织召开了域农成立的全球新闻发布会。会上，他表示域农将为消费者提供符合国际生态认证标准的有机食品和华夏特产食品，并将致力于从根本上改善并解决食品安全及健康、环境等一系列问题。

由那一日起，华建华的“大农业”之梦正式拉开了序幕。

与不少创业者摸着石头过河不同，华建华在创业之初就为域农的发展画了一张大蓝图。“我们遵照的是分享经济的理念，在全国范围内开设有机天地实体店，并致力于将加盟店扩展到海外生态食品市场，同时引用电子商务网络平台的形式，运用全国首创的“F2C+O2O+B2C+互联网+会员制+农业区块链”复合营销模式，打造了从区域旗舰店到社区店再到无人售货柜的新零售体系。”

可以说，时下最流行的创业概念，在华建华对域农的构想中都可以找得到具体的落实。他自己也笑称是赶在了所有的“风口”上。

好“风”凭借力，华建华对域农所能带来

■华建华受邀录制央视节目《超越》，对话著名主持人朱迅　供图　域农科技

的社会效应非常期待。目前，我国进入了脱贫的攻坚阶段，农村贫困人口如期脱贫、贫困县全部摘帽、解决区域性整体贫困，是全面建成小康社会的底线任务。更好推进精准扶贫、精准脱贫，是打赢脱贫攻坚战的根本指针。“我们域农在这场脱贫攻坚战中能做的，就是要让贫困地区的农产品有渠道销出来，帮助他们真脱贫、脱真贫，真正改善他们的生存环境和条件。”

与此同时，华建华引入会员制的模式，“让消费者变成消费商”，让全民参与优质有机农产品的推广，而公司旗下的有机农产品销售体验店“有机天地”，更为大学生、复退转业军人、下岗职工提供了广阔的就业机会。

“因为我们是线上线下联动的模式，加盟的成本比较低，所以，这些就业人群不需要投入太多的成本，就能参与到域农的事业中来。而且，有机农产品日益成为人们的刚需，因此，许多门店都不需要做过多的营销，原始消费者前来消费并成为会员之后，他们自然会把这样的好东西推荐给左邻右舍、亲朋好友，门店的引流自然也就不是问题了。”

而为了保证域农的产品纯有机、品质好，公司依托于中华全国供销总社全国农民专业合作社直销中心180万家专业合作社资源优势，这些基地遍布祖国的大江南北，都有着世外桃源般的生态环境。在这样的环境中，以零污染的方法培育的农产品，无论从口感还是营养价值来说，都有着无可比拟的优越性——

域农石板大米，由唐代以来至宋、元、明、清，东北响水的石板大米始终是历朝贡米，为皇室所享用。中华人民共和国成立后，东北响水石板大米又成为人民大会堂的国宴用米，曾连续三届蝉联“中国农业博览会金奖”；

域农有机黑猪肉，养殖于生态环境极佳的山水胜地，一年以上的自然生长方可出栏，肉质呈“雪花”状，肥瘦比例更合理，营养沉淀更充分，吃起来味道鲜美，口感细嫩；

域农五黑鸡，起源于明朝神农架（今湖北辖区），具有黑毛、黑皮、黑肉、黑骨、黑内脏“五黑”特征，营养丰富；

域农富硒黑麦片，属于高纤维麦片，有着显著的降低血糖的功效，改善体内的脂肪平衡，有助于预防2型糖尿病及其他健康问题；

……

许多消费者就是因为品尝过域农有机天地的产品后，才投身到有机事业当中的。

采访当日，专程从温州赶来与华建华会面并商讨后续深入合作的徐女士就是其中的一位，她已经在自己所在的县市开了一家有机天地的门店，她的先生也随同域农组织的“域农有机践行者基地考察活动”前往位于黑龙江省牡丹江市宁安县的域农农产品基地进行了考察，她告诉记者：“我是因为真心觉得域农的产品好，才决定加盟域农的。我先生参观了域农的生产基地后，看到了纯天然、零污染的生产方式，也对域农的产品有了更深的了解，所以想要分享给更多的人。现在已经不是酒香不怕巷子深的时代了，好产品值得每一个人吆喝宣传。”

像徐女士这样由消费者变为“消费商”的故事，在域农并不长的发展历史中还有很多很多。在中华全国供销总社的支持下，域农在短短的1年时间里，已经签约了200余家门店，其中有70多家已经投入运营，并收获了不错的反响。

“有些加盟者告诉我，他们附近的居民都说，有了有机天地后，连农贸市场都不怎么用去了呢。”华建华的言语中不无骄傲。

除了来自加盟商的认可，华建华也收获了不少官方的荣誉。就在采访前几天，中国科学家论坛在北京召开。会上，华建华被授予了“2018年中国农牧产业科技创新领导者”的荣誉。“这是我们的又一个新起点，域农会以此为起点，走得更远，飞得更高！”

打造“101年”的“老店”

自从创立了域农，投身于有机农产品的营销事业中，华建华就彻底变成了有机农产品的“代言人”。

逢人必谈“域农”，每天必推“有机”，已经成为了他生活的常态。

2017年11月，华建华受邀在北京央视演播厅进行了《超越》栏目的录制，接受了著名主持人朱迅的面对面采访。在访谈中，他用一口地道的“萧普话”，妙语连珠地逗得朱迅和录制现场的观众笑声不断。他告诉朱迅，做域农，做农业，他的初心便是要切切实实地为社会做点事：“域农成立的时候，我就提出了一句口号——吃好有机，把握时机，洽谈商机，成就自己。”坚定地为“三农”服务，为“食品安全、农民脱贫致富、解决大学生、复退转业军人、下岗职工就业”是域农为之奋斗永远的主题。

而吃好有机便是这其中最根本的目标。“我希望域农可以成为老百姓舌尖上的守护神。”华建华说，“食品安全是健康的基石，有机产品好不好，广告怎么说都只是传说，只有亲口尝一尝，吃一吃，才会真正有体会。你的舌头不会骗你，你的身体也不会骗你，它们会告诉你，选择有机农产品就是选择健康。”

在他的带领下，域农的全体员工与加盟者都投入到了吃好有机、推广有机的行列中。为有机“代言”，对于域农“大家庭”的成员来说，已不仅是一份事业，更成为了一种使命。

带着这份使命，他告诉记者，自己要打造的，不是一家百年企业，而是一家“101年”的企业。“与100年一样，101年也并不是一个实指的数字，它代表着我的一份心愿，希望能够把域农做得比长久更长久一点。”

当然，抵达“比长久更长久一点”的每一步，都是眼前脚踏实地的前行。

自打域农成立起，华建华的大部分时间都扑在了域农的事业上，即便是节假日，他也常常牺牲了休息时间，与各种有利于域农发展的资源进行对接考察。他在域农的办公室并不十分宽敞豪华，但“谈笑有鸿儒，往来无白丁”，每天都有着各行各业的客人络绎不绝地前来与他洽谈商机。尽管有时他也会感到劳累，但却从来不曾感到疲惫。而在这些前来的客人中，也不乏亚马逊欧洲副总裁这样的“贵宾”。华建华说，“我想，域农成立不久就能吸引这么重量级的嘉宾前来，也从一定程度上证明了域农模式的成功”。

除了自己的全情投入，他还“说服”了刚从新加坡留学归来的女儿华玲玲加盟域农，一起做有机的事业。女儿的加盟为域农带来了先进的管理理念和满满的活力。父女二人的齐心协力，让华建华在忙碌的工作之余也颇感欣慰。至于交流中是否会有代沟存在？华建华胸有成竹地回答说：“不会。我虽然已经50多岁了，但心态上我一直是比较年轻的。而且，我总认为人要不断地学习，自我提高，这样就不会与时代脱节，也不会与后辈产生代沟。”而虎父无犬女。女儿在耳濡目染父亲的工作状态之下，已经越来越能够独当一面，并且对父亲也有了更深刻的理解。对华建华来说，这是一种意外的奖励。

如今，域农已经度过了“周岁”的生日，虽然只是起步，但认定域农会“赢在必然”的华建华，却感到自己离打造101年企业的目标又近了一步。

事实上，比之长远的目标，华建华也为公司设立了里程碑式的小目标，其中第一个就是希望能够通过良好的运营，让公司在3～5年之内争取上市，借助资本的力量，更好地为中国有机农业的发展大业服务。

“关于农业，其实我还有着许许多多的构想，需要我一步步地去实现，比如营建‘田园综合体’，让城市与乡村更紧密地融合；比如拓展域农的产品线，让更多的家庭得到安全、优质、实惠的生态食品，为百姓餐桌上的安全保驾护航；又比如让更多农民朋友通过域农的平台脱贫致富，也让更多的人愿意留在农村，发展农业……这些都是我对未来的构想。”华建华说，“古人说，十年磨一剑，我的目标就是再干二十年，好好‘磨’出两把‘利剑’，全力以赴，尽我所能，为中国有机农产品开辟一片广阔的天地。”

责任编辑/楼燕红

赵霞：幸福的方向

□杭商全媒体记者　李　洁/文

因为有赵霞的存在，明视康更像一个温暖美好的家。

接受采访前，赵霞刚把她和院长郑历的合影发到了朋友圈里。照片中，两人戴着万圣节头饰，在镜头前亲切地微笑，瞬间拉近了与患者的距离。她配上打趣的文字：专家打扮成这样，你们看病时心情会不会放松很多?

在杭州明视康眼科医院，赵霞担任着执行院长的重任。身为眼科专家的她，其职责如今已从单纯的业务钻研拓展到了管理整家医院的日常运营，为全院医护工作的顺利开展提供周全保障，当然，还有倾心打造一家有温度的医院。

这对赵霞来说并不是难事。寻找幸福似乎是她与生俱来的能力。

一路走来，高考、选专业、辞职创办民营医院……站在一个个三岔路口前，她的抉择总是举重若轻，似乎每条路都已在冥冥之中注定，将她带往最美丽的未来。

她的正能量与乐观精神，深深影响着周围的人，包括丈夫郑历。在外人眼中，杭州明视康眼科医院院长、屈光手术大师郑历，在业界有着极高的声望。“其实郑历非常单纯，他最热爱的事情就是用世界前沿设备做好一台台屈光手术。”她常常被媒体形容为郑历“背后”的女人，正是因为有她一直在默默分忧解难，郑历才得以心无旁骛地浸润在痴迷手术的纯粹世界里。

但赵霞更认同的观点是，她与郑历这对黄金搭档，这些年来一直走在彼此成就的路上。

“因为拥有共同的事业，很多时候我们就特别能理解对方。”今年，明视康已经18岁了，作为国内外少有的同时拥有个性化飞秒、全飞秒、半飞秒设备的高端眼科医院，明视康已为30多个国家和地区逾20万例患者成功施行手术。

32前，她第一次遇到了郑历；18年前，她和郑历一起创办了浙江省首家民营眼科医院杭州明视康眼科。 一路相携的岁月，让他们看到了不一样的风景，更找到了幸福的方向。

更好的选择

赵霞对电视剧《激情燃烧的岁月》印象深刻，戎马生活之后，激情融合在日常琐琐碎碎的日子中，她觉得那像父亲母亲的故事。现实中，剥离戏剧冲突，军队大院里的平凡和简单也是赵霞的青春写照。

童年时，她随着父亲到了湖州，在军队大院里长大。相对独立的生活空间让赵霞保持着通透的心，很少为得失斤斤计较。 1982年高中毕业，赵霞婉拒了父亲当兵的安排，硬是随着千军万马过独木桥，参加高考去了。这是她人生中第一次重大的抉择。在老师的建议下，她用5分钟做了决定，报读医科。她相信命中注定，率直性格的她很少纠结。

就读温州医科大学，她有缘结识了后来的丈夫郑历。5年的大学生活稍纵

“我的幸福感来自：一份真心热爱的事业，一颗全情投入的心，一个充满期许的未来。”

这家温暖有爱的医院，位于杭州最核心的武林商圈凤起路384号。2001年，赵霞和郑历租下了700平方米的一楼和三楼，杭州明视康眼科就此诞生。如今18年过去了，繁华的凤起路几经变迁，明视康也历经几度升级，成为集医、教、研于一体的国际化高端综合性眼科医院，美名远扬国内外。

即逝，毕业后她被分配至杭州市第二人民医院。选择专业方向，这又是一次抉择。

实习时在妇产科，她的动手能力和决断能力都得到了指导老师的认可，她决定一心一意在妇产科干下去。然而郑历的一番劝说改变了她的主意。当时，郑历已经去了浙江省人民医院眼科工作，他认为两人从事同一专业，有利于互相学习，相互促进。“我很感谢赵霞，最终迁就了我。”回忆起30年前的往事，郑历依然感动。

凡事认真执着的赵霞很快在眼科岗位上做出了成绩。她的操作能力非常强，作为全科型眼科医生，在每个细分领域都做到极致。她时刻保持着最佳状态，迎接每一次机遇和挑战，成为了医院最年轻的副主任医师。

“在一线是最有乐趣的。”赵霞感慨道。离开这份充满乐趣的工作是在2001年，对赵霞来说那是个分水岭的年份。她从医院“出走”，开始了另一段人生。

这又是因为郑历。在激光治疗领域深耕多年之后，郑历希望寻求新的突破。只有办一家自己的眼科医院，才能有机会采购最先进的设备，更好地服

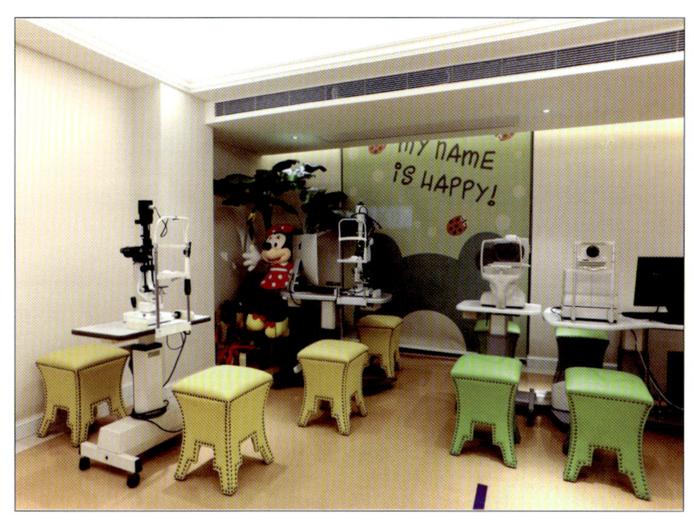

务患者。对于丈夫的又一次重新出发，赵霞依然予以全力支持。

于赵霞而言，创业就像开启一个新的世界，她相信每一种人生都有各自的精彩，而她总有能力将命运的安排变成礼物。“我觉得没问题，就跟着郑历接触更前沿的技术吧。”赵霞笑着抛来一个狡黠的眼神。

一路风雨同舟，这是在她眼里最好的选择。

从“一线”到“一线”

在明视康见到赵霞，她正忙着送走前来考察的合作方，迎来送往是她的工作任务之一。

从服务病人的“一线”到管理医院的“一线”，她将明视康打理得井井有条，医患关系美好得仿佛在真空层。

这家温暖有爱的医院，位于杭州最核心的武林商圈凤起路384号。2001年，赵霞和郑历租下了700平方米的一楼和三楼，杭州明视康眼科就此诞生。如今18年过去了，繁华的凤起路几经变迁，明视康也历经几度升级，成为集医、教、研于一体的国际化高端综合性眼科医院，美名远扬国内外。

而正是赵霞果断的个性加速着明视康的成长，细腻的情怀烙印在医院的每条毛细血管。

运营医院的细枝末节远比之前的医生工作驳杂浩瀚。

这些年，明视康的规模不断扩大，从最初的两层到现在的整栋七层楼，大大小小的装修进行了不少，都由赵霞亲自操办。外墙装修时，她每天早上都要从三楼的窗户爬出去，摇摇晃晃地走一遍七八米高的脚手架，以确保工人安全。悉心的关怀同样留给了病人和员工。装修之初，赵霞一口气采购了40台空气净化器，安放在每个角落，如此贴心的细节安排，使得装修期间医院就诊量没有丝毫减少。

如今的明视康拥有4500平方米的五星级就医环境，时尚的空间设计，温馨的细节安排，跳跃的色彩搭配，柔和的光线设置，整洁的环境管理，所有这些，都是赵霞亲力亲为参与设计，而她唯一的出发点是：从身心感受角度为就诊者营造舒适氛围，力求降低患者焦虑度。在明视康，甚至有一个免费咖啡吧，纯正的咖啡不输星巴克，有的病人会想到每天来喝上一杯。

温柔的背面是她对待工作的严谨和利落。一空下来，赵霞就会走到一线，和病人沟通交流，旁听医患就诊现场，观察就医流程中的不足之处。

有一次，她发现护士在工作交接时用口头传达，容易造成误解，她于是规定以后医院每个流程都必须书面记录。“我用规则来解决管理上的漏洞，服务不到位，没有节奏感，开始也许是小问题，但慢慢就会变大，我觉得不可以，一定要把问题找出来。”

在明视康，赵霞更重要的工作是解决医生们的后顾之忧。有时她像消防队长，第一时间为医生处理棘手的问题；有时她又像医院的大管家，接待病人，引进技术，必须全程跟进。在赵霞看来，事业成就感正在于此，“病人来医院，手术只是其中的一个环节，术前、术后的服务同样重要。确保他们在明视康享受世界前沿的眼科矫治技术和如沐春风的品质诊疗服务，这是我的责任。”

细致如她，让明视康即使在眼下的初冬，都透着浓浓暖意。这些天，赵霞已精心地为医院换上了圣诞节新装，挂满礼物的缤纷杉树装点着敞亮的院区，唯美浪漫，温情脉脉。

充满期许的未来

白大褂包裹着的，是赵霞充满正能量的人生。

“我的幸福感来自：一份真心热爱的事业，一颗全情投入的心，一个充满期许的未来。”

◆杭州明视康眼科医院

10月，赵霞将这段内心表达发到朋友圈里，配图是和郑历在伦敦的合影。画面中两人相互依偎，她宛若幸福的天使。

“这些年的选择，您有过后悔吗？”《杭商》杂志记者问她。

“不能说每一步都是正确的，但都是天意。或许在公立医院，我会成为特别有钻研精神的眼科医生，但现在创立了自己的眼科医院品牌，感觉拥有了更大的舞台，获得了更丰富的人生经历。”

她从没担心过失败，“大不了就回去当医生嘛。”与得失相比，赵霞更在意情感上的交融。“如果当初我坚持做妇产科医生，遇到问题，我和郑历就不能感同身受。而现在，任何事情都可以商量着来，我很珍惜这种感觉。”

2015年，他们“商量”着给赵霞的眼睛做了手术。之前，赵霞有老花的困扰，作为眼科专家，她深知，这是每个人衰老的必经之路。她添置了很多老花镜，款式各异，颜色鲜艳，希望随时应对老化问题。但老花眼还是影响了她的工作生活。“首先不够美，再者眼镜经常丢，实在不方便。”最终郑历决定亲手为她施行飞秒去老花手术，而赵霞从此扔掉老花镜，仿若重返青春。眼科夫妇的爱，就是这么酷。

赵霞的品质生活态度已然成为明视康的医院文化。读万卷书不如行万里路。每年，她都会安排员工出国旅游，18年18个城市，足迹遍及英国、澳大利亚等地。赵霞相信，在旅行中体验生活，会为工作带来意想不到的提升，“比如早年去了香港，当地的服务态度就很值得员工学习。”更重要的是，相伴走过一站一站的快乐旅程，美好的回忆将成为同事们一生的共同财富。

一心埋头工作，属于自己的时间寥寥无几，但赵霞乐在其中。接受《杭商》记者采访时，她聊得最坦诚生动的都是与事业有关的部分，“因为我对每一项工作都充满热情。”忙碌而重复的日子，让她感觉不到时间的流逝，永远停留在美的年华。

最后忍不住还是要请赵霞谈谈她眼中的幸福。“如果你为自己认定的幸福奋力奔跑，同时成就了更多人的幸福，这种感觉是不是很美妙？”

责任编辑/沈丽萍
供图/杭州明视康眼科医院

■浙江钱浪涂料科技有限公司董事长蔡志梅

蔡志梅：自信人生二百年

□杭商全媒体记者 周 珂/文 徐青青/摄

黄云万里动风色，白波九道流雪山。浙江钱浪涂料科技有限公司的发展就如这壮阔雄美之景，千钧狂澜，弥足珍贵。

回首望去，钱浪，这棵由蔡志梅亲手栽种的树不知不觉间已枝繁叶茂。它丰盛有时，枯萎有时，重生亦有时。树苗之际，狂风也曾将其连根拔起；向阳而生，黑暗时常降临；屹立不动，树根深入地底。时节更替中，钱浪涂料已携破晓参天之势。

抵及至微深处，我们会发现，钱浪的掌舵者蔡志梅身上有不破楼兰终不还的霸气，有踏遍青山人未老的大气，还有风物长宜放眼量的底气。如此结合，于是崛起了坐落于钱塘江南岸的浙江钱浪涂料科技有限公司。要怎么去定义这家企业呢？很难。简简单单的一句“集科研、生产、经营、防腐蚀施工于一体的现代化企业”，无法形容其万一。

钱浪依托国内尖端技术的科研院所和产品自主研发技术中心，不断开发适用于钢铁、化工、海洋船舶的高性能防腐蚀涂料产品。航母、海上石油平台、核电装备、空间站、科考船、探测器……这些出现在高精尖领域的设备，能上九天揽月，可下五洋捉鳖，都有一个共同点——坚硬的外壳。维系它上天入地的自然少不了一系列在外壳上的防腐蚀涂料。这些全面通过ISO9001～2000质量管理体系认证、ISO14001～2004环境管理体系认证、OHSAS18001～2007职业健康安全管理体系认证的涂料，撑起了国内涂料的一片天。

蔡志梅在采访中说了这样一句话：“企业的研发永无止境，不是说我们现在有几款新产品就可以原地踏步了，这不可能！”它无坚不摧，于是便有了所有成功故事的模板。钱浪拥有雄厚的技术力量和现代化实验检测设备，被评为中国防腐涂料“十大畅销品牌”，部分产品已远销中东、欧洲、拉美等10多个国家……也像所有成功故事的背面，钱浪拥有的这些灿烂，都由日复一日的埋头苦干偿还。

与这样气势相匹配的蔡志梅，骨子里却是个低调温和的人。他在开会时，会特意出来对记者说一声抱歉，稍等片刻。进入到他古朴雅致的办公室，他会为记者泡上一壶茶。拍照时分，还会略显拘束地对记者说，“很久不拍照，都不知道怎么摆姿势了。”事业上的勃勃生机，生活中的儒雅恭俭，为我们这些旁观者提供了如此大反差的企业家，又到底拥有一段怎样的人生呢？《杭商》记者试着用一个下午的时间，探访浙江钱浪科技有限公司的掌舵者。

逆水而上，华枝春满

20世纪60年代，一个用苦难铺就的年代。生长于此的稚子，往往都有一段艰辛往事。蔡志梅，便是这样一个人，他在这动荡岁月中独自茁壮成长起来。出生于浙江萧山一个普通农民家庭的他，15岁时便肩扛重担，工作养家。17岁进入建筑行业，从底层学徒工做起，22岁一跃成为了项目经理，负责几家化工企业设备、地坪的防腐施工，渐渐地，他做出了些名堂。这些正值青春激扬的岁月，全部被工作覆盖。

在如今看来，这年岁还是被父母呵护的年纪，最大的烦恼也许只是考试抑或是与朋友的偶尔争执，可他一个人慢慢地跌跌撞撞地长大了。最苦最难的日子里，碰到过基础工程三班倒的施工，连续18个晚上没正经合过眼。科学研究发现，人类最长不睡觉的记录是264个小时，相当于11天。睡眠被剥夺有着诸多后果：易怒、认知障碍、记忆缺失、免疫系统受损……很难想象，不断打破生理极限有多么痛苦。但坐在对面的蔡志梅却无甚反应，在他看来，正是过去的磨难让他强大异常。

摸爬滚打二十年。1999年的蔡志梅负责着几家化工企业设备和地坪的防腐施工。施工时，细心的蔡志梅发现，施工中所用的防腐油漆，即便是同一厂家生产，因生产批次不同，产品的质量也会有所差别，产品质量不稳定自然就影响施工的进度和质量。更让蔡志梅头痛的是，省内本土防腐油漆厂家寥寥无几，要想更换新的油漆产品，只能去外省进货，不仅价格高，还有不断上升的运输成本。

柳暗花明又一村，让人头大之事反倒让蔡志梅看到了旁人未曾看到的机会，他的细腻观察早已渗透到了生活的点滴之中。随着社会的发展建设，防腐油漆的需求量逐年增加。巨大的市场，可蔡志梅放眼省内，防腐涂料的市场却几近空白。如何才能握住这蓝海时刻，比别人先行一步，真正走在前列呢？

世纪交替之际，千禧年到来前的最后一年，想着为什么不能自己生产防腐涂料的建筑工作者蔡志梅做出了一个充满冒险与挑战的决定——建立浙江本地防腐涂料生产企业，进入防腐涂料市场。就这样，蔡志梅拿着这些年做工程积攒起来的资金，成立了自己的涂料企业——浙江钱浪涂料科技有限公司。

厚积而薄发。萧山这块土地，以“善商贾，喜奔竞”闻名，激情与冒险深埋蔡志梅心间，半刻未曾放下。渊渟岳峙，这位步入不惑之年的男人锻炼出了更为宽厚的臂膀和高远的眼界。经济浪潮下的波涛汹涌，就这样在他的心头酝酿了一个英雄梦。

酒入豪肠，七分酿成了月光，余下的三分啸成剑气，绣口一吐，钱浪破土而出。于钱塘江畔的起步，他将自己的梦想取名为钱浪，汹涌钱塘潮，一浪更比一浪高。每一个创业故事不为人知的艰辛，蔡志梅毫不例外地经历了。这是一次跨行创业，土地、厂房、设备、人员、资金……方方面面，有太多太多需要统筹的事情，也有太多太多需要学习的功课，这些都沉甸甸地压在了掌舵者蔡志梅的肩头。

但对于强者来说，进一寸始终有进一寸的欢喜，蔡志梅几乎不提这些苦难，他说的是感恩。感恩祖国，让他能身处于改革开放，高速发展的时代；感恩市场，让他看到了源源不断的活水，他遇到了从未有过的机遇；更感恩家人，这最坚强的后盾，在钱浪最微弱的时刻，他的夫人将全部积蓄全部奉给他，全力以赴地支持自己先生的事业。

迈克尔·道布斯在《纸牌屋》中说道：“一个人要拼搏奋斗，动力绝不来自于敬重，而是恐惧。恐惧于一无所有间诞生泱泱帝国，于乱世狼烟中催生惶惶革命。”人生如棋，落子无悔。背负着身边所有人希望的蔡志梅只能一往无前。他当即进入技术科学习，整整三个月没有回家。“不了解自己生产的产品就不能掌握市场，所以每天都要加班加点地学。”这是他当时最大的体会。

适者生存，好事多磨。将有关涂料的知识方方面面都弄懂后，蔡志梅开始组建团队，埋头做产品，可技术这一关始终无法突破。建厂之初，钢结构防腐漆是钱浪涂料主营方向。钢结构防腐漆主要用于大型钢结构如海上灯塔、大型水库闸、供水塔、烟囱等设备，这些大型钢结构长期受海洋气候、工业大气等环境因素影响，易发生腐蚀情况。为延长使用寿命，长效涂层防护是最佳之选。由于光、水、气腐蚀体系的复杂多样化，钢结构防腐漆对技术的要求更是比普通防腐漆要来得高。

其实，蔡志梅在决定生产钢结构防腐漆时，是做足了准备的。前后花了一年时间，才推出钱浪涂料的第一批钢结构防腐漆产品。可哪怕前期做了再多努力，在现实面前，对错依然强硬横亘其中，结果还是让蔡志梅震惊。这一批防腐漆产品因技术不过关，未能通过客户验收。当时投入了几百万元资金，因产品质量达不到企业的施工要求，变成了数百吨积压产品。这让钱浪涂料在建厂之初就蒙受了巨大的损失。

所有事情如多米诺骨牌，一环连着一环。产品滞留让第一年的钱浪，迈出了极为艰难的开局。“300多吨的产品压在仓库，公司资金运转不过来，第二天要买原料，前一天钱还没到手。”蔡志梅讲述道。由于企业尚小，银行也很少给予贷款帮助，“我第一年只从银行贷了100多万元，根本解不了燃眉之急。”

自由和山巅上的空气相似，对弱者都是吃不消的。同理创业，亦是如此。无从知晓那时的蔡志梅究竟承受着怎样的心理压力，但他心中日益坚定了这一点：企业要有所发展，一定要更加创新！他北上寻才，聘请了北京、天津等地的专业工程师、技术人员加入钱浪涂料。同时给钱浪涂料画定一条谁也不能踩的“红线”，即钱浪涂料每年在技术研发投入的资金要占到总利润的30%。资金、团队逐步到位，研发水平随之提高，钱浪涂料因此慢慢走上了正轨，这让蔡志梅第一次感受了科技为钱浪涂料带来的长远效益。

质量为王，进无止境

“我们2002年就跟杭萧钢构股份有限公司合作了。”简简单单的一句话，道不出以前太多辛酸泪。没有一步登天，没有功德圆满，钱浪一开始的销售过程，如同浙江许多民营企业一般，以最笨最踏实的办法，敲开一扇扇合作的大门。蔡志梅亲自带领销售团队，挨家挨户登门拜访。可就算是这样，还有部分客户表示不接受。怎么办呢？让客户免费试用钱浪的产品，一旦遇到产品无法适应客户施工要求之时，钱浪就根据客户的需求，对产品进行有根据的改良。

那几年的辛劳，在今天想来，依旧铭心：“常常去全国各地跑，坐一晚上火车。脚肿到鞋子也穿不进去。有时候凌晨三四点就出发了，回到家里睡几个小时又开始工作。”但那段辛劳的时光，终究为他换来了甘甜的果实：通过几年的努力，越来越多的客户对钱浪建立起了信心。如今，钱浪的品牌在行业内已有了较高的知名度，许多钢构厂商在招投标时，防腐涂料这一块，写的都是钱浪的牌子。

第一次合作大型企业，曲折艰辛，成绩斐然。

2002年，蔡志梅记忆犹新。因为技术的原因，产品质量不佳，几百吨产品积压货仓。他说：“这个心酸没人能体会。我后来去天津一家涂料公司，请了一位高级工程师过来，这才算是真正开启了钱浪与杭萧的合作。”

浙江中南建设集团钢结构有限公司、杭州恒大钢结构实业有限公司、杭州华东钢结构制造有限公司……根据如今拥有的一个个如雷贯耳的忠实大客户，可简单推敲出钱浪涂料如今在业内的地位。但蔡志梅不骄傲，不自满，欣喜的同时，更用自己对产品质量一以贯之的严谨要求，诠释着“质量为王”的真谛。

蔡志梅对于质量的重视，绝非纸上谈兵。他的微信个性签名写的是这样一句话：决定你人生高度的，不是你的才能，而是你对科技发展的态度。在钱浪，每一种产品，都需要通过评估，从原料检验到出厂检验，每一步都有严格的检验工序。创新，是钱浪产品质量得以稳定的根本原因所在。

一方面，蔡志梅从原料上进行创新，大胆运用节能环保新材料，开发新型产品，在降低生产成本与能耗的同时，让产品在质量上不断提升；另一方面，他不断加大技改力度，以节约资源、合理利用资源、提高资源的利用率为根本，采取各项技术措施提高材料的防腐性能，减少腐蚀损失，延长材料使用寿命，保证安全生产，降低对环境的污染。2013年8月起，蔡志梅对钱浪236种产品进行改良升级，在平均降低5%的成本的基础上，还要将产品质量提高一个档次。

涂料界红红火火的涂装一体化，也由钱浪始，这更像是一次准备就绪的长征远行，在初始的蓝图中，涂装一体化便占一席之地。俗话说：“三分涂料，七分施工。”涂料产品不是成品，只有经过施工阶段形成涂膜才算成为成品，使用涂料前，必须掌握正确合理的施工工艺，包括涂层之间的配套、被涂材质的表面处理、合理的涂装方法、正确的干燥条件，以及加强劳动保护等。结合涂料产品的这一特点，蔡志梅成立了防腐蚀施工公司，以其技术过硬的施工队伍和先进的施工设备，为客户提供更为优异的产品和优秀的技术服务。现如今，全国各地都有钱浪施工队伍的身影。蔡志梅虽觉辛苦，但他更觉得，正是这一点一滴的努力，才让他真正踏实。2018年，钱浪已有一支一百多人的外包施工团队。蔡志梅自豪地告诉《杭商》记者：“施工队伍一直都跟得上我们的业务增长。所以，钱浪是多元化发展的。除了生产、服务、销售，还有产品研发、施工，钱浪是产学研一起的一家公司！”

研发毫无疑问是钱浪创新的重头戏，也一直是蔡志梅心中的不二要求。将营收的50%投入到创新中，这是一个非常大的手笔，却是钱浪一往无前的使命。如今在公司200名员工中，技术人员占到四分之一，并与中科院腐化研究所建立了长期合作，共同开发节能环保的新型产品。。

2018年1月11日，在义蓬科创园，杭州北科新材料有限公司暨北京科技大学钱浪研究院正式揭牌。北京科技大学钱浪研究院，由北京科技大学和浙江钱浪科技有限公司联合组建，主要研发装备与材料健康诊断-状态预测智能化技术和大数据平台建设。

我国已成为世界第一装备制造大国，各种重大装备和基础设施不断涌现。腐蚀是基础设施和工业设备服役寿命的决定性因素，高性能耐蚀材料开发和装备服役健康诊断及安全服役至关重要。“通过大数据技术和材料科研成果，我们将每天为企业提供涂料腐蚀程度报告，以便为企业提供涂料修复等系列服务。”

蔡志梅坚信，未来几十年，以大数据主导的信息技术会率先成为渗透到经济社会生活各领域的先导技术。工程装备诊断、预测与健康管理作为装备质量管理和综合保障的关键技术，也越来越得到学术界和工程界的高度关注与重视。该研究院便是基于互联网、高通量以及云数据的工程装备的诊断与安全正向着高通量监测、智能化处理、大数据分析的理念变革。蔡志梅希望未来研究院能够做到“实时动态、快速精确、智能诊断”，真正造福涂料界。

环保之旅，先人一步

为迎接2008年的北京奥运会，北京辖区内限制油性产品涂装项目的施工，随后一系列与涂料相关的消息陆续发布，让蔡志梅看到了在工业水性涂装领域的市场机会。

相较于传统油漆，水性涂料是环保型油漆的一种，它节约石油、煤炭资源，且不污染环境，是引导消费实现节能减排的典型，因此，水性涂料越来越受到关注。蔡志梅更是预计作为低污染的绿色环保涂料，水性漆将成为未来世界涂料市场主角。

之所以做出这样的判断，蔡志梅是有根据的。2010年开始，水性工业涂料在世界工业涂料的比例已经达到30%以上，开始以前所未有的速度向汽车涂料、工业防腐蚀涂料、道路标示涂料等领域渗透。其中，美国对水性涂料的开发占其全部涂料开发的50%以上，水性工业涂料的开发成果占其全部涂料总成果的30%；日本从21世纪开始便重视并着手发展以水性涂料为主的低环境负荷类型的涂料。

反观国内，水性工业涂料的技术发展还是处于起步阶段，市场很大但技术相对落后，产品开发多数处在水性醇酸类低端产品上，高端的水性汽车涂料、水性重防腐涂料等的技术还是掌握在外资品牌手中。

虽然水性涂料的前景一片看好，但是由于受到技术门槛、使用成本以及使用习惯等诸多方面影响，当时，市场上水性涂料所占据的比例仍然非常低。以浙江为例，当时我省已然称得上是涂料大省，但涉足水性涂料生产的企业不足五分之一。这也意味着油性涂料仍然是企业产品的主流。

为了抢占市场先机，蔡志梅加大研发进度，积极借助外援，开始寻求与中科院物化研究所等专业机构展开合作，开发水性涂料。

勇气可嘉。

在研发水性工业漆方面，钱浪启动绿色环保规划，引进国外生产技术、设备，建立市级企业技术中心。“人家没有这个概念的时候我们已经开始做了，市场上水性涂料的新产品都是我们钱浪做的。实际上，水性这条路我们走得很辛苦。毕竟油改水存在很大难度，水性又与湿度息息相关。在我们南方，湿度大，钱浪真是花了大量的研发基金。”蔡志梅不无感慨地回忆道。

这条水性之路用“困难重重”来形容一点也不为过。研发团队通过反复试验，一些产品的试验次数高达万次。如今钱浪已有三代水性产品。第一代水性产品改造得慢，价格也高；第二代水性产品缩水性功能不够；现在的第三代产品，水性数据与油性相差无几，成本也不再遥不可及。

努力不会说谎。钱浪的水性产品已然成熟，也开拓出了一片市场，早几年几百公斤一天的销量到如今已是十多吨一天的销量。钱浪助推工业油性涂料水性化，研发的水性涂料质量已与国际水平相差无几。还研发了石墨烯类可延长被涂物使用寿命且高固含、低排放的重防腐涂料，为打造绿色生活、建设绿色城市提供了助力。

石墨烯涂料是钱浪绿色足迹的下一站。

石墨烯概念在近些年中不断升温，我国也将石墨烯产业的发展列入重点发展项目，开启速跑模式。我国防腐涂料的市场规模仅次于建筑涂料，位居第二，为了实现更好的防腐性能，石墨烯材料逐渐被应用到涂料领域，然而在很长一段时间内，该技术一直被国外厂商垄断，钱浪石墨烯防腐涂料的出现，使石墨烯涂料国产化由蓝图走向现实，打破了外企在这一领域的垄断。钱浪新研发的石墨烯防腐涂料，能在严苛环境下耐盐雾时间达3000小时以上，相当于传统富锌涂料的5～10倍。

这样的成绩背后，是全年无休，居安思危。作为一个将民族利益放在第一位的企业家，

蔡志梅始终关注涂料行业的发展趋势。在他看来，防护涂料在未来也会是非常重要的一块，但国内的企业在这方面鲜少行动。主要动作还是国外企业的投入研发。他想拿出同国外企业一样的产品，去跟如阿克苏诺贝尔、海虹老人、佐敦等国外巨头竞争。蔡志梅感慨，“我国拥有高达2000亿元的防腐涂料市场，但我国80%的重防腐涂料市场一直被国外巨头垄断。”他自2013年便在北京科技大学读书，正在升博士，他一年的假期只有春节的两三天，“我就是喜欢创造，钱浪所有的产品都是原创，都是在没有的基础上发展出来的。”于他而言，学习与创新一样，永无止境，他还想学国外的6S管理系统，学校中也还有很多课程在培训……

尼采曾说：“谁终将声震人间，必长久自身缄默；谁终将点燃闪电，必长久如云漂泊。”建筑行业蛰伏二十余年，蔡志梅未磨去棱角；涂料行业扎根十余载，蔡志梅不曾片刻懈怠。他始终怀抱强烈危机感，从不自吹自擂，永远埋头苦干。回过头去，却也看到自己已经走了一段又一段很长的路。回忆过去，蔡志梅或许会对那个二十郎当岁但不曾松懈片刻的自己说一声加油，对四十不惑跨行创业的自己说声坚持，对五十岁越战越勇的自己说一声，创新永不止步。

责任编辑/楼燕红

公司是一家经销批发针织面料、全棉汗布、全棉氨纶汗布、全棉色织汗布、全棉毛圈布、全棉网眼布、全棉罗纹、TR汗布、TR氨纶汗布、TR彩条汗布、TR毛圈布、TC汗布、CVC汗布、CVC毛圈布、CVC色织汗布、莫代尔汗布、竹纤维汗布、棉/莫代尔汗布、全棉丝光汗布、有机棉汗布等产品的私营有限责任公司。
公司经营的各类产品品种齐全、价格合理，与多家零售商和代理商建立了长期稳定的合作关系。
万事利漂染
WANSHILI
bleach and dye
◎地址：杭州市滨江区西兴工业园区聚园路9号 ◎邮编：310051 ◎电话/传真：0571-86685508
杭州万事利漂染有限公司

我的梦想是：在习近平新时代中国特色社会主义理想指导下，在传承、弘扬、发展中医药文化，为国家的文化建设、物质建设和“俞同春”产业发展中创出新的业绩。

章云樵：壮心不已

□杭商全媒体记者　邹　芸/文　　李　靖/摄

河坊街一带，是杭州最具老底子韵味的所在，更是杭州悠久历史的一个缩影。这里自古就是商业繁华地，漫步在河坊街上，就像是走进一座活档案馆。短短的一条街上，三百余家粉墙黛瓦、飞檐雕窗的老字号云集于此，无声地诉说着世事沧桑与岁月变迁。

河坊街上商号众多，尤以药号为盛，坐落在河坊街与五柳巷交叉口的“俞同春国医馆”便是其中的一家。

俞同春创始于清光绪年间，至今已有120年的历史。当年，浙江慈溪名中医俞氏兄弟在河坊街创号“俞同春”，并因医术高妙、宅心仁厚而深受爱戴。随着历史变革，俞同春与众多老字号一样，湮没于时代的风风雨雨中——直至2010年。

2010年，仿佛是一场注定的缘分，一位在医药行业干了四十余年的老医药人在历史的吉光片羽中发现了“俞同春”。尽管彼此间隔着光阴的尘埃，但透过重重迷雾，俞同春在一瞬间就拨动了这位老医药人的心弦。共同的价值观越过时空的阻障在彼此的心中共鸣，于是，这位老医药人上下求索，终于在2012年新春来临之际，让这个尘封已久的品牌重见天日，重新回到了古韵悠长的河坊街上。

这位老医药人就是本文的主人公、俞同春股份有限公司董事长章云樵。四十多年的时间里，他一直深耕在浙江医药行业的第一线。而若穿越时空，回溯源点，章云樵那场与俞同春的邂逅相遇，惺惺相惜，似乎早早就已在他的故乡会稽山下埋好了伏笔。

会稽山下

在中国历史上，会稽山是一座有着特殊地位的山脉。大禹三过家门而不入，是这座山在史料中最早的印记。而永和九年的那场醉，更让王羲之笔下“此地有崇山峻岭，茂林修竹；又有清流激湍，映带左右”的会稽山成为了中国文化史上最风雅的地标。

1952年10月，章云樵出生在这钟灵毓秀的会稽山下。

与那时大部分的务农人家一样，章云樵家里兄弟姐妹众多，生活拮据。在他童年的记忆里，父亲与母亲常常会因为一些琐事而争吵，其中最常见的，就是热情好客的父亲总是呼朋唤友地请人到家中喝茶聊天，精打细算的母亲却总是为着客人们前来而所费的茶水钱而犯愁。

“我爸爸一直有一个理念，就是家里一定要热闹，要有人气，才能把日子过得红火。”在章云樵的眼中，父亲不仅仅是一个农民，更是一个文化人。世代以法事道场为生的章家，的确对文化有着不同于寻常农家人的重视。他的父亲儿时曾在私塾读过四年书。那个年代，村里念过私塾的人寥寥无几，他的父亲也因此而受到村里不少人的敬重。

“村里的桥都是我爸爸给取的名字，‘会议

桥’三个字是我爸爸题写的。”时至今日，说起父亲，已逾花甲的章云樵仍有着崇拜与骄傲的神情。

父亲的言行在章云樵的人生里留下了浓墨重彩的一笔，他告诉记者，从小，他就被父亲教育要做一个踏实而勤奋的人，多学习、多做事、多交友，真诚待人。这些简朴的教诲一直影响着他后来的人生走向。

然而，也正是让他深深尊重的父亲，差一点断了他的求学之路。

那是他小学毕业之时。当时，章云樵所生活的镇有五个公社，但这里的中学一届总共就只招两个班的初中生，录取率不到10%。通过考试，学习成绩优异的章云樵有幸考上初中。可当他激动地把这个消息告诉父亲时，父亲却泼了他一盆冷水。“那时候，学生去学校读书都要自己带米，一周需要带六斤。我家里很穷，兄弟姐妹又多，爸已年老。我爸爸就说，如果你去读书，凑不够米给你带到学校去，要怎么办呢？”

懂事的章云樵体谅父亲的难处，便忍着心痛选择了放弃学业。学校开学之时，他看着别的同学前去上学的身影，心里有说不出的难过。

转机出现在开学第四天。“那天，我初一的班主任鲍亦联老师来到我家里，劝我父亲说，章云樵学习成绩好，不读书太可惜了。”看着老师对儿子的赞赏与鼓励，父亲最终决定让儿子恢复学业。就这样，章云樵又回到了课堂里。而对那位拉他回课堂的鲍老师，他至今都深为感激。

回到课堂，章云樵如饥似渴地扎进了学海里。但家中的困难也一次又一次印证了父亲此前的担忧。“本来我一周需要带六斤米，但有的时候家里拿不出这么多粮食，就只能先凑个两三斤让我带上。到周三、周四，我的粮食就吃完了，只好晚上夜自修下课后，走十五里路回家拿粮食，第二天早晨天还没有亮，就出发返校，再走十五里路回校上早自修”。可即便如此，他依然觉得很幸运、很快乐。

可惜，好景不长。在章云樵入学后的第二年，“文化大革命”开始了。学校成为了斗争的阵地，课堂也失去了往日的尊严。

虽然正规的教育已然天翻地覆，但章云樵还是在学校里尽力地读书自学。他不清楚读这些书到底对未来有什么用，但他珍惜来之不易的学习机会。这两年时间里自学，为他后来的成就打下了扎实的基础。

1968年7月，初中毕业的章云樵回到了村里。尽管他体格瘦弱，但因为村里的许多壮劳力都到江西修铁路、背树劳动去了，念过书、有文化的他很快就被推举为大队干部，17岁就开始担任代理生产队长，一干就是好几年。

“那段时光虽然苦，但还是挺锻炼人的。”忆往昔，章云樵不禁感叹，“那时候村里有文化的人不多，我不仅要管队里的事情，还常常充当村里的赤脚医生。”虽然他通过培训只懂一些最基本的医疗常识，但他常会深夜出诊服务村民，村里人对他敬重有加。

也正是这样，当1974年公社里推荐工农兵上大学生时，他不假思索就报了医学专业。

命运又同他开了个玩笑。“那时候都是分配制的，县里看报名的人中报大学的女生比较少，就安排名额让女生去读大学，我则被分配到了嘉兴卫校读药学专业读中专”。尽管无奈，章云樵还是选择了去上学。这一次的选择彻底改变了他的人生轨迹。

“鸡头”与“凤尾”

1976年9月，章云樵从嘉兴卫校毕业。因为在校期间成绩可以，他被分配到浙江省医药药材公司工作。在当时计划经济体制下，浙江省医药药材公司是隶属于省商业厅的一家县处级的医药经营管理性单位。分配到这里工作，章云樵的起点可谓不低。

曾经的农家小子吃上了“公家饭”，章云樵欣喜之余备加珍惜。

彼时，知识与经验的获取不像今日这般便捷，师傅的口传手授是最常见的方式。为了能多学到一些知识和经验，章云樵格外勤奋。每天早晨，他都会比别人早半小时到办公室，把卫生打扫干净；公司里有事，他总是第一个站出来请缨上阵。最多的一年，他有190天都在出差，深入到全省各地药品供应调研工作……

数年如一日，他的付出与成长被领导看在了眼里。几次优秀职工加工资，名单中他都赫然在列：“有一次是选拔40%的人加工资，还有一次是选拔2%的人加工资，我都入选了”。虽然在今天看来，工资增加的额度只有不可思议的几块钱，但这份荣誉还是让章云樵至今回味起来都很是自豪。

工资的奖励之外，年轻有为的他也被领导赏识，委以重任。“有一天，领导找我谈话，说要提拔我做副科长。我一口就给回绝了。”

怎么会有人面对提拔的机会却选择拒绝？原来，在章云樵的心里，一直有着一个根深蒂固的观念——宁做鸡头，不做凤尾。当副职，没有决定权，许多想法抱负施展不开，他情愿不干。

领导听了他的解释后，觉得这个年轻人很有思想，就让他“曲线救国”，名义上为副科长，实际上主持着科里的日常工作。就这样，章云樵才答应了。

同样的情形，在他日后的升迁中多次出现。“提经理的时候，我也要求当正职。我愿意担当。”

唯一的例外出现在1997年。那一年，为了更好地激发市场经济的活力，一场席卷全国的国有企业改革轰轰烈烈地展开了。省医药管理局要组建一家上市公司，由“新昌股份”“仙居股份”与一家省级公司或一家在杭州的大药厂联合组建。而当时，大家都不愿意做第一个“吃螃蟹”的人，但章云樵却很踊跃。

1997年5月16日，经浙江省人民政府证券委员会浙证委[1997]57号文件批准，由原浙江新昌制药股份有限公司、浙江仙居药业集团股份有限公司和浙江省医药有限公司合并组建的浙江医药股份有限公司在杭州成立并在上海证交所主板上市。

当时三家单位合并，章云樵任执行董事、总经理的浙江省医药有限公司属省属国企，净资产只有1400多万元，占股最少。这一次，他不仅没有争，而且心甘情愿地做了副职。省政府领导还在大会上表扬章云樵不做鸡头，宁做凤尾的眼界和胆识，《浙江日报》还发表了专题报道赞扬章云樵的大局观与前瞻性。

“从浙江省医药药材公司，到浙江省医药有限公司，我的大部分青春都花在医药行业管理与国有企业管理、经营上。我接手浙江省医药有限公司的时候（浙江省医药有限公司前身是浙江省经济发展公司），这是一家账面上只有20万元的企业，3年后，这家企业累积的利润已经有1400多万元。”章云樵回忆道，“但是到1997年改制的时候，我是真心实意地愿意放弃‘一把手’的地位。因为我希望这家公司能发展得越来越好，在做医药强省中作点贡献”。

他愿做一把手，只是为了能多有些担当，却并不十分在意个人的荣誉。在他出任浙江省医药有限公司经理时，当时的国家医药管理局曾评定1995～1997年度全国省医药系统先进企业、先进个人，因当时浙江省医药有限公司的人均销售、人均创利、人均年收入均名列前茅，国家医药管理局领导经研究给予章云樵参评先进个人的资格，但章云樵却向领导提出，希望放弃个人荣誉，换取公司参评先进企业的资格。最后，浙江省医药有限公司获得全国医药系统1995～1997年度先进企业称号。

老骥伏枥

论能力，浙江医药界的“老人们”都会对章云樵竖起大拇指。

在他的事业生涯中，以一己之力扭转乾坤的例子不胜枚举。就拿1986年的那段往事来说。那时候，省委决定培养第三梯队，组织首批培养对象下派到地方工作，章云樵被选中，下派到衢州市任市医药局副局长。在那里，他敢于创新，大胆工作，取得了很大的成绩。特别是在兼任市医药公司总经理期间，他在县级医药商业企业上升到地市级企业的筹建过程中做了大量工作，帮助当地提高了20%的药品供应率，企业的年利润总额比上年增加了10倍。章云樵被衢州市委、市政府授于1986年度十大优秀厂长、经理。

如果不是2000年4月的那场车祸，“浙江医药”也许就会是章云樵最终的事业归宿。

然而，世事难料。2000年4月的某一个下午，一场猝不及防的车祸，让章云樵在落下残疾的同时，也改变了事业的走向。

那是一个寻常的早晨，在合肥市出差的章云樵要返回杭州，公司的驾驶员却因为身体不适而无法开车。拥有3年驾龄的他为了赶回来处理工作，便决意自己驾车。因疲劳驾驶，车祸不幸发生。股骨开裂，多处受伤，章云樵在浙二医院开刀治疗了近3个月。出院后，为了能够尽可能恢复正常的生活，他又不得不来到海军疗养院做了半年的康复治疗。最初的日子里，每一次复健训练都让他疼痛难忍，但他还是咬牙坚持了下来。

在接近9个月的治疗与复健后，他终于带着身体中的钢板，行走如常。“如果我不说，也许你们都看不出来我有残疾吧”。说起这段伤痛的经历，他显得乐观而坚强。

身体虽然基本康复，但工作却耽误了下来。在他养伤的那些日子里，公司不得已任用新人处理原本由他来承担的工作。面对这样的情况，章云樵几乎没有犹豫，就递上了一封辞职报告。

“有些人觉得我是赌气，其实我一点这样的意思都没有，我是不想让组织为难”。那时候，“浙江医药”董事会决定他享受总经理待遇，薪资、专车、专门办公室都给他备好，希望他指导工作。但从来都闲不下来的他不愿意脱离企业的第一线。尽管组织再三挽留，章云樵还是决定在

■俞同春国医馆内景

年近半百之时辞职“下海”，重新出发，去市场里闯荡一番。

“下海”之后，在浙江医药界资历深厚的章云樵收到了不少企业送上的“橄榄枝”，他曾在筹建阶段性的国企杭州民生医药公司、民企浙江华生医药有限公司等医药企业工作，可内心深处，他隐约觉得自己有着更大的使命。

便是在这时，他遇见了“俞同春”。

以“品质为优、服务为先、诚心为本、勤奋为责”为店训的“俞同春”，曾经是杭州有名的中医药号，后来因为种种原因而歇业。章云樵是在一次偶然的时机了解到了这个品牌的故事，便深深为之感动。原来，在战争年代，许多药号都歇业避乱，“俞同春”坚持开业为百姓服务，甚至在自身经营都十分艰难的情况下，还为穷苦百姓赊欠药费。这个悬壶济世、医者仁心的故事让章云樵感动之余，更想重振这个有着人文情怀的品牌。

于是，他多次前往省、市档案馆查阅资料，在故纸堆里寻找关于“俞同春”的蛛丝马迹，并将这些历史的碎片拼凑在一起，最终拼得了这个百年老字号重生的机遇。

2013年1月29日，“俞同春”正式复业。

一位老医药人和一个中医药百年老店的彼此结缘就此开始。

复业的5年里，在章云樵的带领下，“俞同春”在杭州俞同春国医馆的基础上已在浙江省内开出了8家国医馆，并在金华磐安县创办以地道药材加工生产的中药饮片厂，在东阳市创办了中药材种植、养殖基地，在丽水松阳县创办了以科学养殖、研究中药五谷虫治疗肿瘤疾病的中医药研究机构和医药商业企业药品配送中心。

“俞同春”在中药种植、养殖及中药生产、中医药科技、中西药配送、中医医疗为一体的大健康产业基础上已组建成立了俞同春股份有限公司。

更值一提的是，因为章云樵时时刻刻都将“诚信经营，服务第一”的理念印刻在经营中，免挂号费、免煎药、免煎膏方的费用，甚至请名中医上门为不方便到馆就医的患者把脉、推拿、针灸……“俞同春”渐渐从被人遗忘的角落重新回归了人们的视野。章云樵本人也收获了“浙江省中医药科技创新引领人物”“2017年度十大风云杭商创新奖”等荣誉称号；俞同春股份有限公司获得了浙江省中医药科技创新奖。

快意人生

人们常说，绍兴是江南一个特殊的存在。这里有着如花似玉的温柔，也有着剑拔气啸的坚毅。

说着一口浓浓的绍兴话，章云樵的性格里，更多的烙印着萧绍大地的快意恩仇与豪爽热情。

他是那种路见不平，会来一声吼的人。

“文革”中，村里的一位地主被造反派批斗，有些人一时气盛便动起手来，是章云樵出面制止，这位地主才得以保住性命。

多年以后，这位被章云樵保护过的地主已是年近耄耋的老人，他四处托人打听，最终找到了当时在浙江省医药药材公司工作的章云樵。在儿子的陪伴下，这位老人来到了章云樵的办公室。一见面，走起路来已经颤颤巍巍的老人就跪在了他的面前，老泪纵横……

他也是那种朋友有难，会拔刀相助的人。

一位已退休厅级老领导的女儿想到他的公司谋一份职业，章云樵二话不说就答应了。为表感谢带着礼品来到他的家中，他却坚决不收人家的礼物。“我同她讲，如果东西不拿回去，我就不办事。”彼此僵持了好几天，最后，她拗不过他，带着礼物与忐忑的心离开，第二天，老领导就收到了让孩子前去上班的通知，这种事例不少于五、六次。

他还是那种廉洁奉公，严以律己的人。

在多年的国企经营中，常有供应商送来红包，章云樵从来都是坚决拒绝的。他总会告诉送礼的人，如不退就送纪委去。最后厂家只得无奈收回。25年前，有家大型企业为了感谢购销业务大，一次性送来了两万元红包，尽管这在当时看来是一个天文数字，但章云樵也不为所动地拒绝了。

他更是那种有福同享，共同致富的人。

1997年，因为他对浙江医药事业的贡献，省局决定以奖励形式给他一套100多平方米的房子。拿到房子的章云樵，首先想到的是公司里每一个员工的付出。“我在深圳广深公司工作时留有一大笔奖励基金，我就让他们用这些钱去买房子，并按照工龄予以4～6万不等的补贴。”当时杭州的房价并不高，一套100平方左右的房子不过20余万元，不少职工都因为这笔“丰厚”的补贴而购买了新房子。“如今，可都乐开花啦。”

而与他打交道多年的生意伙伴，则更多地对他的诚信与魄力深感敬服。西安杨森公司在90年代与他有合作关系，他为了不晚一天交付货款而让公司财务经理带着800万现金支票飞赴西安，受到西安杨森公司上下的赞扬，总裁与他结为了莫逆之交。

这样的故事，如果让章云樵放开了讲，怕是讲个三天三夜也说不完。

工作之外，章云樵对自己的家庭也颇感自豪。虽然儿时家境困难，但他的父亲有常年订阅《浙江日报》的习惯。1970年5月，父亲逝世。章云樵悲痛之余，继承了父亲长期订阅《浙江日报》的习惯，直至今天。他说，自己从《浙江日报》中得到党和政府的方针政策和国际国内新闻，受益匪浅。他家四个兄弟全是中共党员。他的子女也都非常优秀，大女儿到新西兰留学六年，收获双硕士学位后回国，继承父业，从事俞同春医药生产经营管理工作，女婿留学归来，如今是俞同春的总经理。小女儿参加了SAT考试留学美国，并准备获得博士学位后回国，为国家建设服务。这样优秀的子女离不开章云樵的悉心教育——他本人的学业之路虽然因为时代、家庭种种原因坎坎坷坷，但在不断的奋斗之下，他也收获了法律、财会、药学三张大专学历文凭。对于国家的法律、法规与行业的规定，他也总是认真地进行学习。言传身教相结合，他时常教导孩子们要虚心好学，真诚做人，改革创新，脚踏实地，努力奋斗，这样才能拥有完美人生。

而作为一名入党多年的老党员，章云樵在民营企业创建中，对党建工作格外重视。早在成立之初，杭州俞同春国医馆就建立了党支部、团支部、工会等。

如今，工作之余，他常喜欢约上三五老友，在家附近的茶馆里，天南海北地聊上一番——

“十五块来一杯茶，三小时都聊不过瘾。”

“聊什么呢？”

“聊过去，聊未来，聊我准备大干一番的事业啊。”说罢，这位霜华染鬓的企业家爽朗地笑起来，意气风发。

章云樵自述 ▼

我今年66岁，但我总觉得自己像小青年一样，朝气蓬勃，热爱党和国家、热爱医药事业，不减当年。我的梦想是：在习近平新时代中国特色社会主义理想指导下，在传承、弘扬、发展中医药文化，为国家的文化建设、物质建设和“俞同春”产业发展中创出新的业绩。

我现在重点考虑的是中医药科技创新。我的目标是中药一类抗癌新药“五谷虫”能尽早获得新药证书；发展优质中药饮片，“俞同春”生产的中药饮片来源道地药材产区、制作加工生产精仓、制饮片，让老百姓吃上优质的中药饮片。“百年传承名医好药”，我希望俞同春能真正服务于大众，能开遍浙江，覆盖全国。我更希望在条件成熟时，俞同春能代表祖国的传统中医药文化走出国门，走向世界。

责任编辑/沈丽萍

YING

曾鸣：创始人最难的坎

□曾　鸣/文

创业从0到0.1最难。在跟着马云一路创业成长的过程中，曾教授总结了对于创业者非常关键的四点心得：眼高手低、试错一定要基于Vision（愿景和方向）、悬崖边的狂欢、自我修炼（自信和自疑）。

心得一：眼高手低

早期千万不要追求清晰的战略和商业模式。一切都是混沌初开，不可能有清晰的战略，更谈不上有一个复杂完整的商业模式。不要指望一步到位。要捏软柿子、要落地、不要空转，虚的往实了做。

最难的是眼高手低，你要雌雄同体，要有宏观思考的能力，保持对未来的想象力，保持大的格局，你又必须脚踏实地从非常小的点切入。

我刚到阿里，和马云沟通，他天天和我讲要“刺刀捅进去，就出血”，如果你拿刀捅一块板，捅了好几刀也许都没有捅破。

所以，你光说大的没用，不能光画大图，如果太会谈，这是几个精英在一起经常会发生的事情。等做了两年，最后发现做出来的不是你想要做的事情。当然，如果你太偏向于执行力，做了两年，你会发现有人跑到你前面去了，你也就没有机会了。这是两个很常见的事情。

具体来讲，在0～0.1阶段，不要追求干净漂亮的清楚。在这个阶段，战略是讲不清楚的，更不用说业务模式和收入模式，这是一个逐步磨的过程，要先从边缘的软柿子开始捏起，捏多了，你自然可以捏更硬的。如果是一开始啃硬骨头，一般都成了先烈，因为你成了别人的样板。

这是很重要的一点，一开始不要怕事情小，要敢于从小的事情切入，但是你切入之后要知道有放大的可能，而不是切入之后还是小的。

我补充一点，大家融资的时候经常听到一句话，“你要和VC在电梯两分钟讲清楚你的产品”，这是扯淡的。

但是在你A轮的时候，你要尽量能讲清楚你的客户的核心价值在哪里，这也不一定能讲清楚，但是一定要逼自己想清楚。

想的时候不妨大一点、远一点，做的时候不妨小一点、准一点，你才有机会攻下第一个山头，才有机会攻下下一个山头。

心得二：试错一定要基于愿景

这个阶段一定不是盲目试错。绝大部分跟风的人是瞎打盲撞，完全没有积累，死了还觉得冤枉。

这个阶段的试错，是通过实践对未来的假设（Vision）进行不断的试验和调整。直到找到未来在今天的“映射点”，从这个点切入，最有可能演化到未来。这是一个聚焦的过程。

你一定要有一个Vision作为试错的前提，否则你试了也白试。只有基于某个基础去测试，你才有迭代的路线和方向。如果没有这个作为前提，就是盲人摸象，最后也摸不出一张整图出来，死了也是冤枉，确实做了很多无用功。

试错是为了找到未来在今天的映射点，这个点才能带你走向未来。用一个专业的词，就是有纪律性、目的性的试错，知道结果和目标，这是Vision（愿景）到Action（行动）的关系。一方面要快速行动，但是背后有非常清晰的Vision 。

在这个过程中，很重要的一点是：如何拥有Vision？

其实，寻找 Vision 的动作本身就能够给你带来Vision，你天天看未来，看过了就会比别人好，这不是谁天生就会过的，而是一个过程。

心得三：悬崖边的狂欢

和一个创业者讨论的时候，他不断重复："我们只有3个月的时间了。"

我突然发现问题出现在哪里。

一个公司如果以3个月或3个星期作为周期，根本试不出像样的东西，导致公司整体很焦虑。

创业公司紧迫感是要有的，但是不能弥漫到组织的每个环节，不然就没有创新的空间。CEO即使没有办法也要担着这个压力，即使没有钱了，也要谈笑风生。

阿里也出现过只有10个月的现金流的时候，也是到了最后两三月才看到现金流的增加。

那么，你最后是靠什么闯过去的？

其实就是信不信的问题，阿里后来有一句土话叫做"相信相信的力量"。你光一层相信不够，要有更多的相信才能不断走过去。

2012年是淘宝开始讨论第三个阶段战略升级的时候，会议开得特别焦灼，争论非常激烈，最后结束的时候我蹦出一句话，让大家吓一跳，我说："Vision（愿景）是拿来挑战的，不是拿来证明的。"

Vision是需要相信的，相信的人才会做，做后才能证明是对的。你不信，Vision就不会成。在公司早期，无论找员工还是合作伙伴，你会发现，能够跟你团结在一起的都是无产阶级，都是一无所有的人，因为没有，才会想一起去拼命。

淘宝早期跟美特斯邦威聊的时候，马云也出面了，至少聊了4年，对方才觉得可以到淘宝开个店试下，前期根本不信。早期你没有办法借谁的力，生态的早期就是没有积累的人因为相信共同的Vision才走到一起的。

你如果没有激情，走不远，没有激情的团队你扛不过那么多坎。这个事情如果你做得没有乐趣，你也做不下来。

阿里云从2009年开始，Vision很清楚，来的人都是信的，但是每年都会送走一批人，就是打残的，然后再引进一批人进来，一批批人往前拱。你如果没有这样的enjoy（享受）的感觉，坚持不了很久。

心得四：自信和自疑

创始人经常处于这样的状态之间，有时候觉得自己是对的，有时候觉得自己想的全错了。万一把公司带到坑里怎么办？什么时候该民主？什么时候该独断？坚持还是放弃？

中间肯定有运气的成分，但是这本身就是自我修炼的过程。最难过的坎就是这个坎：极端的孤独、极度的自我怀疑，但是只能相信自己。

如何克服？如何提高心力？如何保持适度自我怀疑下的自信？

这两年互联网发展和传统结合越来越紧密，有的人行业经验比较丰富，有的人互联网经验比较丰富；有的人懂平台思维但不懂商业，有的人懂商业但不懂平台思维。在这个过程中间，自己的优势怎么坚持，什么时候去聆听，怎么把这些东西糅合在一起成为团队的智慧，这是非常考验大家的努力的，但是也要适当保持游戏的心态走过这个过程。

2002年，董事会跟马云谈过一次话，就是多年找CEO，但是都没有找到。马云做着做着就成为一个好的CEO。

很多时候想找到好的CEO，但还是从相信的人中间走出来。

四个核心决策

第一，核心客户价值足够强大、鲜明、容易感知。

这是一个平台能否起步非常重要的一点；一个平台可能有很好的理念，但落脚点是你的客户价值是否足够清楚鲜明。你的理想再好，不会因为你是平台，就来用你的服务。

平台为什么起步难？

因为你要用平台的原则和打法整合出一个服务，客户还能因此满意，你才能找到第一批用户。平台往往一开始寻找很小的切入点，你找到的客户是原来社会边缘的客户，因为社会原来给他们提供的服务和解决方案很差，虽然你提供的也不怎么样，但是已经有五六倍价值的提升，他们就会来用你，只要有人用你，你就有演化的机会。

Facebook最早的用户就是一批哈佛的无聊地看女生照片的男生。正是因为这么一个清楚的用户训练过程，模型和网络才能开始迭代和优化。你想不清你创造的价值，一切都是空谈。

第二，准入门槛有多高？

服务的领域不一样、目标不一样，准入门槛就不一样。淘宝选择了零门槛、谁都可以进来的领域，但是平台治理难度很大，因为只能事后治理。方向决策难点是选什么都可以，每个方向都有优点和缺点。

第三，信用问题如何解决？

一个平台的价值就在于信息的对称和流转效率，再者是信用，没有信用就没有平台。淘宝早期发展出的另外一个里程碑发展就是支付宝，基于支付宝形成信用体系，在一个缺少信用的社会建立一个信用体系，这才带来生态发展最基本的东西。

只要你建设平台，就要回答谁来提供信用。是卖家自己说，还是你来对大家的信用打标？如果是后者，你怎么解决规模、众口难调的问题；如果是前者，卖家自己提供的信息是否可信，买家如何认证卖家的信用？这样的方式交易最初成本是否过高？如果让买家评价，如何避免买家的恶意行为或者个人偏好？怎么筛选出买家的共同行为给卖家？这都是一系列非常复杂的平台治理的问题。

第四，基本功能如何满足？——初步的角色分工。

平台早期最忌讳的就是做得太广太薄，什么点是最关键的功能，从而让平台跑起来？这个功能的定义很重要。

平台型的企业没有Vision（愿景）是没有办法走出来的。

Vision（愿景）式的动作比静态的Vision更重要。当你要做足够大的企业或生态的时候，你要有足够大的Vision支撑。

某种意义上，阿里巴巴的特点在于马云一开始就定了一个特别广的Vision：“天下没有难做的生意”，套到哪里都可以。

互联网不断在变，商业不断在变，每3~5年阿里就密集思考未来，从Vision的角度去思考事业够不够大。而我们内部几个人是在不断做的过程中，明确这个Vision要不要去做。

责任编辑/楼燕红

十里湖山图画开，源源财富入梦来
湘湖金融小镇：

□杭商全媒体记者 邹 芸/文 李 靖/摄

湘湖畔，群山下，天色掩映，白墙黛瓦。

这里，是8000年前浙江文明的原点，跨湖桥的独木舟荡漾起历史的涟漪；这里，也是商圣范蠡辅佐越王勾践复国重兴之地，励精图治，硝烟战火，成就了春秋时期最后的霸王传奇。

沧海桑田，斗转星移。当过往的烟尘湮灭在岁月的洪流中，在杭州湾工业重镇萧山区的西南一隅，有一座小镇正在崛起。

漫步在各路精英云集的湘湖金融小镇，小桥流水、花木扶疏，远离尘嚣、静谧闲适。然而，这一切只是表象——在一座座兼具时尚与古典之美的楼阁庭院里，一段又一段的财富故事正争相上演，书写着中国版“苏黎世湖区”

的发展史诗。

产业之强

一年时间，700余家金融企业，逾3000亿元管理资本。作为钱塘江金融港湾重要发展的金融小镇之一，湘湖金融小镇的“周岁”成绩单可谓闪亮。

可若将时间退回到5年前，谁能想到，这个在如今看来颇有些“隐贵”气质的秀美小镇，还是一片民居与农田凌乱杂居的乡野之地。

在湘湖一期、二期工程建成之后，2013年，湘湖三期保护与开发工程正式启动，更广阔的沿湖腹地让这里的人们开始想象：如果，这片浩渺的秀水不仅仅是一处美景；如果，这

颗钱塘江南岸的明珠还能更闪耀一些；如果……

于是，2015年，一座金融小镇渐渐浮出构想——背靠萧然山，俯首三江口，在湘湖旅游度假区最上风上水之胜地，湘湖金融小镇悄然落子。

产城融合，湖镇一体。2016年，湘湖三期建成开园，金融小镇在一砖一瓦的叠砌中初现雏形。

同具雏形的还有金融小镇的产业格局。当小镇的建设工地在一派热火朝天的氛围中施工之时，“边建边引”也让这里的招商引资工作早已开展得如火如荼。红杉资本、鼎晖投资、浙银资本等金融投资界的“头部”资源，在小镇正式验收交付前，便已与小镇签下了合约。

当时光的马车奔跑到2018年，已经投用的湘湖金融小镇仿佛插上了飞腾之翼，浙商创投、凯银投资、集素资本、元弘资本等金融界的知名企业陆续在这里集聚，小镇的金融产业再创新格局。

目前，湘湖金融小镇金融类企业已达700多家，管理资本规模超过3000亿元。其中，由浙商创投、浙商银行、浙商产融共同发起的凤凰行动一号专项基金的首期实到规模高达250亿元，是萧山目前为止一次性到位最大的股权投资基金。

定位产业金融，打造私募基金生态圈和企业投融资全产业链，让更多的企业不仅仅为政策而来，湘湖金融小镇正以国际先进理念与运作模式，重点引进和培育上市公司及大型企业投融资机构、私募基金、新金融企业，力争在3～5年内，打造长三角第一流的生态型上市公司投融资总部集聚区、私募金融产业高地和新金融众创空间，成为中国版“苏黎世湖区”。

而湘湖金融小镇更大的发展意义在于，在以杭州为核心的钱塘江沿

岸，正在形成金融机构、金融资产、金融市场、金融人才等金融要素高度集聚的黄金水道金融资源集聚发展带，依据《钱塘江金融港湾发展规划》，湘湖金融小镇是主规划区中金融集聚区重点发展类小镇之一，也是萧山区唯一被列入钱塘江财富中心总体规划“一城一镇”格局的小镇。换言之，湘湖金融小镇就是钱塘江水系的一颗明珠，正在为钱塘江金融港湾的发展闪烁光芒。

政策之优

栽下梧桐树，引来金凤凰。

尽管，不少的金融企业并不仅仅为政策而来；尽管，湘湖金融小镇也希望能够吸引更多不为政策而来的企业。但，政策到底是那棵梧桐树，想要引得金凤凰，便少不了具有竞争优势的政策。

在湘湖金融小镇，符合条件的金融机构可以享受到包括项目落户补助、投资专项补助、金融人才扶持、股改上市补助、金融活动补助等种种政策补助。

这样的政策支持力度，放在类似的金融小镇或金融产业园中，都是极具诱惑力的。也正因如此，700余家金融企业才会在短短两三年的时间里迅速在这里集聚，湘湖版的财富传奇才有了这般惊艳的开始。

当然，这些“硬”政策以外，还有更多的“软性”服务让小镇更具魅力。任何来小镇注册的企业，只要符合小镇的产业定位与发展方向，让小镇张开了迎接的怀抱，就可以享受到“拎包入住”的待遇——“只要企业愿意，我们能够提供全程的代办服务。”湘湖管委会副主任、小镇办事中心主任马建祥如是说。

而在小镇的办事服务中心和小镇会客厅，最便捷的位置几乎都是所有小镇“镇民”的共享空间，大大小小的会议室让入驻企业的沙龙、论坛，甚至路演都拥有了空间。入驻企业只需提前申请预约，就可以让思想与观点在这里恣意碰撞，迸发出创意与创新的星星火光。

人才之聚

金西村，原本只是萧山一个普通的小村庄，却因为一位商界巨擘而被萧山金融史所铭记。生于斯，长于斯，跨越清朝、民国、中华人民共和国三个时代的著名银行家金润泉便是金西村走出去的浙江金融业领袖。

如今，他曾经生活过的村庄将以另一种身份被载入史册——湘湖金融小镇，一个又一个“金润泉”将来到这里，以资本为引擎，助力萧山、杭州乃至整个浙江的产业升级。

与金润泉故居相去不远，三幢既现代又古雅的楼宇一字排开，将成为新时代“金润泉”们成长的港湾。这三幢楼宇，是小镇特意为前来小镇工作的年轻金融人才准备的人才公寓。住在这里，推开每一扇窗都是风景，湖光山色，令人心旷神怡。更值得期待的是，志同道合的伙伴们将朝夕相处，年轻的心灵彼此致意，也许就能为下一段财富故事埋下伏笔。

而已经在上演的财富故事更是不容小觑。

浙江大学金融研究院暨浙江省金融研究院（浙江大学工程师学院互联网金融分院），这个具有浙江特色的中国第一流金融研究平台和政策智库，如今已将在职研究生培训总部及“双创基地”设立在湘湖金融小镇。去年12月，首届钱塘江论坛系列活动之一的湘湖金融小镇“新经济下的产融结合”主题论坛便在湘湖之滨举行。论坛上，浙江大学金融研究院、浙江大学江万岭现代金融中心副主任钱彦敏也为湘湖金融小镇点了赞，他说，小镇就是资本助力产业创新、寻找产融结合新功能的一种实践。

杭州湾会客厅，既是一档电视节目，更是一个由杭商杂志编辑部、杭州文广集团、杭州市工商联共同打造的政界、学界、媒体界、企业界四界联动平台，如今也落户在湘湖金融小镇。这个为助力杭商群体在打造杭州湾大湾区热潮中趁势腾跃、脱颖而出，抢抓机遇，更有作为的交流平台，已经成功举办了四期，邀请到陈妙林、王水福、胡季强、周立武、倪良正、刘启宏等杭商领袖与蒋丰、周德文、郭占恒、冯仁强等党政界及学界知名人士就社会发展的方方面面进行切磋与探讨，每一期，都有几十位杭商界的企业家代表前来参加。杭州湾会客厅每年都将积累大量业界精英、经典案例、热点话题等资源。其中的部分资源，将整合进每年年底举办的杭商国际化创新论坛，成为该重要活动的资源库，并进一步提高杭州湾会客厅的影响力与辐射效应。这一切也势必为小镇带来思想的新风与活力。

时代浙商金融学院，每年有近千名专业金融人才在此培训，为民营企业发展提供新的思维角度及发展思路。

上述的三大平台，已成为小镇人才引进的三块招牌，为小镇的长远发展提供持续不断的原动力。

此外，就在不久前，第二届中国数字金融

与互联网金融高峰论坛上，中国数字金融智库联盟、中国数字金融50人论坛相继成立，并举行揭牌仪式。同时，湘湖金融小镇成功牵手上述联盟和论坛，并成为中国数字金融50人论坛永久会址。

小镇自身的人才队伍，也让小镇的发展如虎添翼。数十位具有产业园区运营经验的专业人士，被小镇吸引而来。他们将以最专业的素质、最认真的态度，为所有入驻小镇的企业带来最贴心的服务。

配套之胜

仅有产业，充其量只能称为产业园，当“生产、生活、生态”三生融合，小镇才能收获繁荣与兴旺。

把企业引进来，让人才留下来，湘湖金融小镇正不遗余力地打造着最美好、最惬意的创业与生活空间。

最美员工食堂，饭店大厨与职业营养师共同烹饪出琳琅满目的菜品。一边享用美食，一边欣赏青山秀水，也许便是繁杂工作中的幸福时光。罗森便利店、众创咖啡吧，便捷的生活让小镇的故事充满喜乐。

山南水北，气聚风藏。发挥小镇沿山沿河的山水人文资源，在湘湖金融小镇的中北片区，一条集城市观光、整体商务、休闲娱乐、美食餐饮、时尚小资、生态居住于一体的慢生活街区，将成为小镇以及整个湘湖休闲生活的新地标。

500米长街，3000平方米新中式建筑群，江南古典园林景观，亭台楼榭，或临河而居，或靠山面水，错落有致，自然朴素，独具韵味，既可静谧清新，也可摩登繁华。

走入其间，看三三两两的人群以一杯咖啡、红酒或清茗相聚，或谈笑风生，或默契相对，不远处的山山水水映在一双双明澈的眼眸里，脚步会自然而然地慢下来、静下来，一如那颗在尘世间忙碌辗转的心。

山の吟日本料理、默先生厨房、启象·宴火锅、Hea·哈音乐酒吧……第一批入驻商户即将开业迎宾，茶道、书店、各种美学生活空间，未来的慢生活街区，值得等待。

慢下来，生活更美好。张弛之间的哲学思考，让身与心和谐共融，让景与镇相携相惜。

小镇周边，更多的配套正在成形。压湖山岛上的世界旅游联盟总部，拥有一热带雨林为主题的室内外水上乐园、儿童游乐区等游乐设施的开元森泊湘湖旅游度假村，集聚十余位与萧山发展息息相关的院士前来生活、工作的院士岛，为金融企业高管等精英人士提供养心静修之所的先照禅寺禅修区，高品质特色休闲度假精品酒店阿玛瑞湘湖酒店……一系列的周边配套将与湘湖金融小镇交相辉映，将这里打造为湘湖产业发展及休闲商业的新地标。

环境之美

“望湖亭上望湘湖，景物天开似画图。两岸好山青嶂列，一泓新水绿罗铺。”黛色的群山中，荡漾着一片浩渺的碧水，犹如天宫遗落人间的一面宝镜，清澈而明净。千百年来，湘湖的花光水影闪烁在骚人墨客的笔尖，浙东唐诗之路，便在这里起步。

湘湖，是萧山的母亲湖。它的重塑，成就的不仅仅是湘湖的山水，更是湘湖新城、萧山乃至整个杭州的品位与格局。而湘湖金融小镇，便是这格局里的一颗明珠，将产业与风景、与文化、与生活融合在一起，铸就着新时代的传世之作。

不久前，杭州市委常委、萧山区委书记佟桂莉前来湘湖金融小镇调研时特别指出，金融小镇不是纯粹企业办公的地方，而是金融产业、金融活动、金融人才集聚的地方，湘湖金融小镇一定要紧紧围绕金融做文章，要进一步提升小镇功能和服务的品质，由政府搭台，让

人才、团队、资本、项目顺利对接，做好生态、生产、生活“三生融合”的文章。

三生融合，大概全中国都再难找到像湘湖金融小镇这般环境优势得天独厚的地方。

这里的美，美在自然。小镇内数十幢建筑或依山势，或顺水流，因地制宜，与天光云影融为一体，虽由人作，宛自天开。

这里的美，美在野趣。与小镇办公区域一路之隔，是如今杭城内外有名的“网红打卡地”——湘湖花海。这一片广阔连绵的花海香田，面积达2280亩之多。夏季，这里有郁郁葱葱的水稻；秋天，有可爱的向日葵，柔美的波斯菊；而现在即将播种油菜花，待下一个春暖花开之日，又将是一片金黄随风摇曳……

这里的美，美在纯粹。72.3%的植被覆盖率，200万平方米绿化面积，每立方米2500个空气负氧离子浓度，0碳标准的环境噪声质量……山是苍翠的山，水是澄净的水，小镇的美便在这山水交映间。

而湘湖最精华的所在——湘湖八景中，单是小镇范围之内，便有着览亭眺远、先照晨曦等两处绝佳景点。

风光优美、配套丰富、政策扶持，小镇的种种利好吸引着一大批新金融企业纷至沓来。2017年至2019年，小镇的目标是引进的金融企业管理资本规模超过1万亿元，引进国内外知名基金20只以上、金融企业5000家以上，年度税收10亿元以上。

可以预见，这片承载着浙江文明曙光和激扬吴越文化的千年厚壤，正在新时代的新征程上，以创新赋能金融未来，成为一个可以细细品味生活、深深思考未来的地方。

责任编辑/楼燕红

小镇对话

□杭商全媒体记者 邹 芸/文

《杭商》记者：马主任，您好！湘湖金融小镇从筹备之初就备受关注，能否请您大致介绍一下小镇的建设过程？

马建祥：湘湖金融小镇是钱塘江金融港湾大背景下应运而生的，小镇从2015年开始规划，2016年G20峰会前夕建筑结顶，2017年11月，小镇正式完成了验收并投入运营。经过一年的运营，我们已经导入了许多知名金融企业及机构进驻办公，产业生态链基本形成。

工欲善其事，必先利其器，在特色小镇风起云涌、势如破竹的今天，湘湖金融小镇走出了一条自己的特色之路。“三生融合”是湘湖金融小镇建设和发展的主要方向，小镇将江南水乡的文化融入建筑打造好的生态环境。同时有别于其他特色小镇的先产业后规划模式，而是反向操作，先做好规划建设，之后再导入产业。

周少伟 摄

《杭商》记者：从2017年11月到现在，已经是一周年了。在这一整年的时间里，作为小镇的规划者、建设者，您觉得小镇最大的变化是什么?

马建祥：特色小镇起步于浙江，是浙江省转型升级系列组合拳中的重要一招。湘湖金融小镇根据钱塘江金融港湾打造的总体部署，自2016年底开始，以“产业+文化+旅游+社区”的功能要求创建。湘湖金融小镇作为钱塘江金融港湾的重要发展小镇，借萧山之势，乘风破浪，始终围绕“三生融合”的主题进行建设和发展，是金融产业、金融人才、金融文化的集聚地。

小镇创建一年时间里，最大的变化是逐步兴旺起来了。从原先的旧村落变成今天的天然氧吧，企业金融总部、金融众创区、慢生活街区破土而出。一年前，大家看小镇，看到的是一群建筑物。甚至2018年6月，我们这个运营团队搬进来的时候，小镇还是比较“荒凉”的。现在通过企业入驻、举办活动以及慢生活街的商家进驻，小镇的各种配套日益完善，人气也逐步集聚起来了。

《杭商》记者：我之前看过小镇的一份半年总结，可以说小镇自从投入运营后也取得了非常亮眼的成绩。现在小镇已经投运一年了，您觉得小镇这一年最突出的成绩是什么？

马建祥：湘湖金融小镇与其他特色小镇相比有着特殊性。现在许多特色小镇都是先有产业，然后再从这个基础上去打造特色小镇，比如滨江的物联网产业园。湘湖金融小镇从一开始就是按照特色小镇的标准和要求来规划和建设的。这是一把双刃剑，一方面，小镇的建设相对来说“动作”比较标准；另一方面，产业的集聚过程会比较漫长，比较“痛苦”。小镇建设初期，这里没有金融产业基础，外围交通配套不够完善，生活配套也比较稀缺，我们前期的招商难度非常大。好在我们度过了“阵痛期”，现在已经形成了一个由政府搭建并提供服务，企业前来创新的产融平台，这是小镇运营一年最大的成绩。

《杭商》记者：那么能否请您为我们介绍一下小镇目前的产业业态？

马建祥：整个小镇的产业业态是按照“产业+文化+旅游+社区”这样一个特色小镇功能区块来布局的，主体以金融产业为主。同时，在小镇3.6平方千米的规划范围之内，我们有旅游产品、文化产品、社区功能，都集聚于此。文化方面，小镇的主旋律是金融文化，比如浙江大学互联网金融分院的双创基地落户在我们小镇，比如你们《杭商》打造的“杭州湾会客厅”，这些都是集聚金融人才、打造金融文化的平台。同时，我们也在通过一些论坛、沙龙、资本对接会、路演等活动营造金融文化的氛围。另外，像阿优文化这一类的文化产业类企业的引入，也丰富了小镇文化建设的内涵。

旅游方面，小镇本身位于湘湖国家旅游度假区的范围内，旅游资源是我们最不缺的。现在我们在打造一些旅游景点。比如开元森泊、康得思酒店、眉山休闲养生岛等。

社区方面，小镇周边有湘湖印象等商业住宅。同时，我们在小镇内还打造了金融人才公寓，希望能够集聚更多的金融人才到小镇来。目前，人才公寓即将开始装修。

《杭商》记者：相较于杭州其他的一些金融小镇，湘湖金融小镇的定位与特色有哪些不同？是什么原因让湘湖金融小镇选择了目前的产业定位？

马建祥：我们的金融产业有别于其他同类型的金融小镇。山南基金小镇一开始就是侧重于做对冲基金的。我们小镇从创始之初则偏重于做产业金融。金融是一个轻资产的产业，不需要拿地建房，基本上是通过楼宇经济来招商。这会导致一些企业在选址时会以政策为导向，哪里政策好就去哪里，甚至于享受完政策后，就换地方了。但是，“产业+金融”的模式，能够把他投资的产业留在湘湖，留在萧山，留在杭州地区。产业留下来，金融这个板块自然而然也会留下来。所以，来我们这边的金融机构，很大程度上，并不是纯粹为了享受政策而来，它更看重的是它所投的产业项目在这里。比如有些企业投资了阿优文化，这个项目本身就在我们小镇范围之内，所以这些投融资机构前来入驻，就会和所投的项目形成一种更紧密的联系。

《杭商》记者：采访前我们在小镇里也走了走，看到现在已经有很多企业入驻小镇了。您

记者　李　靖摄

觉得这些企业的入驻给小镇带来了哪些变化？

马建祥：一方面，这些企业的入驻，会吸引更多的企业、人才等相关资源进来。金融这个圈子并不大，基本上都是“同门师兄弟”，这些企业入驻对我们来说能起到“以企引企”的作用。一家企业进来了，可能又带着其他的企业一起过来，这会更好地让相关的产业集聚在小镇的范围内。另一方面，企业的集聚也给

马建祥：湘湖旅游度假区党工委委员、管委会副主任，闻堰街道党工委委员，分管湘湖金融小镇运营管理。

小镇带来了金融的氛围。这些优质企业的进驻改变了小镇的金融产业生态圈，打通了金融众创、产业孵化、资本对接等环节，形成完整的产业闭环。

《杭商》记者：小镇目前的发展思路是怎样的?

马建祥：特色小镇的四大维度是指规划、开发、产品和运营。湘湖有得天独厚的自然景观，也有不同的主题，但是如果没有总体规划的概念，只是点性的思维，看似百花齐放，最后并没有满园春色。因此，我们要形成整体性的思维，每一个点、每一个主题以及每一个特色之间应该有关联度，湘湖金融小镇的规划，是从硬件和软件的角度，将原来老的东西和新的事物结合，形成总体性的规划。

湘湖金融小镇位于浙江湘湖旅游度假区内，是被浙江省委、省政府列入钱塘江金融港湾重要发展的金融小镇。总投资37.5亿元，规划面积3.6平方千米，核心建设用地710亩，总建筑面积约38万平方米，2016年按照“小镇+产业+文化+旅游+社区”的省级特色小镇标准要求进行规划建设。力争在3～5年内，打造长三角第一流的生态型上市公司投融资总部集聚区、私募金融产业高地和新金融众创空间，成为中国版“苏黎世湖区”。

《杭商》记者：小镇目前已经入驻了不少的企业，也形成了一定的影响力。请问对于这些入驻的企业，小镇及管委会做了哪些工作为它们服务?在日常的运营中，管委会扮演了一个什么样的角色?

马建祥：在“最多跑一次”的大背景下，小镇在服务方面也在不断深化改革。我们从杭州的各大园区招聘了一批专业的人才，让专业的人做专业的事。为企业提供全方位、宽领域、高质量的服务。从招商到企业落户、入驻提供全程代办服务。我们目前也在搭建一个网上平台，企业的资料提交、申请、入驻，都可以在网上办理实现。

在日常的运营中，管委会扮演了“政府搭台、企业唱戏”的角色。由政府搭台，金融机构、行业龙头企业共同合力，构建产融结合的新生态圈，紧紧围绕金融做文章。在这里大家可以百家争鸣，百花齐放。

目前，我们形成了周周有活动、月月有大活动、每个季度都有影响力的活动的状态。活动的常态化，促进了入驻企业间的互动交流与资源共享。现在，我们也在打造一个会务中心，小镇大大小小的会议室已经有7个了，以后大型的会议会展都可以在小镇里实现。

《杭商》记者：一个小镇的发展，除了内部的平台搭建、服务提升之外，也需要外部配套的完善。就像您刚才提到的，小镇的交通条件不是非常完善，甚至可以说这成为了小镇发展的“软肋”。为了弥补这一短板，小镇做了哪些工作?

马建祥：的确，我们这里少了地铁的“最后一公里”，交通便利度受到了一定的影响。但是目前我们已经和公交集团达成了合作，直接往返地铁湘湖站与我们金融小镇的公交专线即将开通。当然，我们也在争取轨道交通系统尽快通到小镇的核心区域中。

《杭商》记者：前几年，有一部电影叫《华尔街：金钱永不眠》，直白地讲，做金融就是要“钱生钱”，需要的就是要让钱“活”起来，“快”起来。但是，在这样一个以金融为主打产业的小镇，却规划出了一条“慢生活”商业街区，请问是出于什么样的考虑，您觉得“慢生活”的“慢”体现在哪些方面?这个“慢”又是如何与小镇融合的呢?

马建祥：慢生活街从功能定位上来说，不仅仅是小镇的一个配套项目，更多的是承载着为整个湘湖旅游度假区休闲配套的功能。

目前，湘湖的餐饮企业虽然比较多，但是偏重于商务型。从休闲旅游的角度讲，相关的休闲产品湘湖现在还是缺少的。因此我们决定在金融小镇里“牺牲”一块区域，打造一个纯休闲的、格调比较高雅的、具有文艺范的生活街区。

丹尼尔·卡尼曼有本书叫《思考，快与慢》，用在我们湘湖金融小镇的建设运营上倒是很贴切，我们一直在思考小镇的快与慢。我们希望通过政府搭台，通过“金融+产业”模式，实行平台化运营，扶持企业快速成长，尽快在金融小镇形成产业集聚效应。但湘湖金融小镇有别于其他产业类小镇的特色就是它从一开始就植根于湘湖的文化、旅游、休闲产业，我们希望是在小镇实现工作的“快”与生活的“慢”这对矛盾体共生共融，让所有的内容围绕人生活的本质，最终通过我们的运营，工作生活在小镇的人能够安居乐业，享受美好的生活方式，个人觉得这是我们湘湖金融小镇有别于其他小镇的特色亮点。

《杭商》记者：现在也已临近2018年年末，如果请您用一个词总结小镇2018年的发展，您会用哪个词？对于小镇的2019年，您有哪些期待？

马建祥：一个词，我觉得是任重道远。从一开始接手小镇，没有任何概念，到现在初步形成一定的设想，再到下一步谋求更高更远的发展，总体来说，压力还是很大的。压力来自方方面面，一方面是外围的，我们起步比较晚，别的小镇可能产业已经集聚起来了，而我们是白手起家的。所以，我总说我们是没有理由安逸的，只有拼命迎头赶上。另一方面，现在这样的金融形势对小镇来说也是一个挑战。现在，这个平台已经搭建起来了，怎么样源源不断地把资源导入进来，实际上是到关键时期了。

当然，虽然压力很大，但是我们大家也都带着一份情怀、一份执着在做这件事。比如我，我从2008年到湘湖管委会，中间离开三年后又回到这里，对湘湖有着一份不一样的情感在。我希望在湘湖打造出一块产业高地，营造一种金融氛围，把湘湖打造得更美，让这里成为宜居宜业宜游的地方。即使有一天，我不在这里工作了，但是我为小镇的建设出过力，打下了基础，这就足够了。几十年后，等我们这一代人退休了，能够带着孙辈过来，告诉他们这是爷爷当时创下的，那是非常有成就感的。

至于2019年，如果说之前金融小镇是一棵小苗，那我希望到2019年小镇可以开花结果。从金融的规律来说，三年左右就会有一个产出的过程。今年，我们税收预计可以超2亿元，那么到明年，我想小镇不管是企业的入驻数量、资本管理规模还是税收数额上，都会有一个质与量的提升。

《杭商》记者：刚才您说到是在以一种对湘湖的情怀来建设小镇，并且也提到希望以后带着自己的孙子孙女过来，说这个地方是爷爷付出过的。那么，如果我们真的把时间推到未来，放远一些去想象，您希望在您带孙辈过来看的时候，湘湖金融小镇是一个什么样的地方？

马建祥：因为我们对标的是苏黎世湖区，想要打造一个金融产业集聚的地方。我希望几十年之后，湘湖金融小镇能够真正成为中国版的“苏黎世湖区”，产业集聚，三生融合，宜居宜业宜游。如果这样的情形能够实现，我觉得我们这一辈人的努力与付出没有白费。

责任编辑/楼燕红

没有邓小平，改革开放很可能要走很多弯路、付出很多代价。

小平，您好

□刘胜军/文

此言一出，那些“扣帽子”的人没有了声音。

“管得多，不等于管得好”，这是个十分简单的常识。对于如何改善党的领导，邓小平在1980年的重要讲话《关于目前的形势和任务》提出了振聋发聩的观点：关于改善党的领导，现在需要解决的问题很多。比如，我们历来说，工厂要实行党委领导下的厂长负责制；军队是党委领导下的首长分工负责制；学校是党委领导下的校长负责制。如果今后继续实行这个制度，那么，工厂的车间是否也要由党总支领导？班组里边是否也要由党支部或者党小组领导？同样，大学的系是否也要由党总支领导？这样是不是有利于工厂和大学的工作？能不能体现党的领导作用？如果这个问题解决得不好，可能损害党的领导，削弱党的领导，而不是加强党的领导。

伟人魄力

1977年8月4日至8日，邓小平主持召开科学和教育工作座谈会。武汉大学副教授查全性开炮，直指当时的高校招生的十六字方针——“自愿报名，基层推荐，领导批准，学校复审”。温元凯回忆说：“我就举手插话，我说小平同志，当前教育界最重要的问题是恢复高考。恢复高考，我提16个字叫：‘自愿报考，领导批准，严格考试，择优录取’。没想到邓小平听完我的发言立刻就对我讲，‘温元凯，至少采纳你四分之三’。大家当然都楞了，什么叫四分之三？他说第二句话‘领导批准’可以拿掉。”

被邓小平删减后的高校招生方针变成了：自愿报考，严格考试，择优录取。座谈会召开时，当年的高校招生方案已经下发全国，仍然延续此前的政策。温元凯回忆：邓小平很厉害，马上就说能不能收回，我们推迟几个月，今年恢复高考，否则我们又耽误一代人。我当时记得邓小平讲完这句话，表完这个态，我们人民大会堂所有参加这个会议的代表，连人民大会堂端水的年轻女孩子们都情不自禁地站起来鼓掌了整整五分钟，我们这些人清楚地知道了中国的一个新时代到来了。

邓小平的改革领导力

邓小平之所以能带领中国取得改革开放的历史成就，这与他独特的改革领导力是分不开的：

1.“抓大放小”

领导力的本质在于选择做正确的事情（do right things）而非把事情做到位（do things right）。领导者的精力是有限的，必须高度聚焦于具有全局性、根本性意义的大事。

邓小平非常善于区分大事小事，将精力集中在关键任务上：制定长期战略；评价可能决定长期目标成败的政策；争取下级干部和群众的支持；宣传能体现他想实行的政策典型。正是因为善于“抓大放小”，所以邓小平总是给人留下悠闲打桥牌的历史画面。

2. 顺应民意

1992年的小平南方考察，成为中国改革进程中的关键转折点。小平彼时虽已退休，但他的言论依然引发神州激荡，关键还是因为顺应了民众对加快改革的心声。

20世纪90年代初民心渴望改革，是因为市场经济的热情长期被计划经济体制束缚。真正的领导者，应能敏锐捕捉民意，方可“振臂一呼，应者云集”。

3. 重用改革人才

改革是复杂的系统过程，必须由兼具能力和勇气的人才去推动。用人不疑、疑人不用。邓小平选拔了胡耀邦、万里、朱镕基等改革能人，迅速打开了改革局面。

胡耀邦通过真理标准大讨论，推动了思想大解放，开启了改革开放之门；朱镕基雷厉风行推进了国企破三铁、挽救技术性破产的银行体系、财税改革、建立市场经济框架、加入世界贸易组织，为21世纪第一个十年的经济增长开辟了广阔空间。

4. 敢于触动利益

利益格局调整，是改革中最惊心动魄的环节。

1985～1987年，在时任中央军委主席邓小平的领导下，中国人民解放军减员100万，世称“百万大裁军”。改革难度之大，可想而知。

邓小平深知，臃肿的官僚队伍将消耗现代化所需的大量资源。邓小平为减少军队和党政官僚的规模耗费了大量精力。

5. 反对官僚主义

邓小平说：开会要开小会、短会，不开无准备的会。没有话就嘴巴一闭。开会、讲话，都要解决问题。某一方面的事归谁负责，必须由他承担责任，责任要专。

严重的官僚主义，降低了政府效率，浪费了官员大量时间，甚至导致了很多官员的人性压抑与性格扭曲。

邓小平对官僚主义是深恶痛绝的，他说：官僚主义现象是我们党和国家政治生活中广泛存在的一个大问题。这无论在我们的内部事务中或是在国际交往中，都已达到令人无法容忍的地步。

6. 善于从根子上解决问题

对于官僚主义的成因，邓小平有深刻的理解：官僚主义的另一病根是，我们的党政机构以及各种企业、事业领导机构中，长期缺少严格的从上而下的行政法规和个人负责制，也缺少对于每个机关乃至每个人的职责权限的严格明确的规定，以至事无大小，往往无章可循，绝大多数人往往不能独立负责地处理他所应当处理的问题，只好成天忙于请示报告，批转文件。

干部工作好坏都是铁饭碗，能进不能出，能上不能下。这些情况必然造成机构臃肿，层次多，副职多，闲职多，而机构臃肿又必然促成官僚主义的发展。

我们的各级领导机关都管了很多不该管、管不好、管不了的事，这些事只要有一定的规章，放在下面，放在企业、事业、社会单位，让他们真正按民主集中制自行处理，本来可以很好办，但是统统拿到党政领导机关以及拿到中央部门来，就很难办。这可以说是目前我们所特有的官僚主义的一个总病根。

邓小平有句至理名言：制度好可以使坏人无法任意横行，制度不好可以使好人无法充分做好事，甚至会走向反面。

7. 鼓励讲真话

邓小平认为，思想解放必须依靠群众。他说：

现在敢出来说话的，还是少数先进分子。我们这次会议先进分子多一点，但就全党、全国来看，许多人还不是那么敢讲话。好的意见不那么敢讲，对坏人坏事不那么敢反对，这种状况不改变，怎么能叫大家解放思想，开动脑筋？四个现代化怎么化法？

我们要创造民主的条件，要重申“三不主义”：不抓辫子，不扣帽子，不打棍子。群众提了一些意见应该允许，即使有个别心怀不满的人，想利用民主闹一点事，也没有什么可怕。要处理得当，要相信绝大多数群众有判断是非的能力。一个革命政党就怕听不到人民的声音，最可怕的是鸦雀无声。

（作者是中国金融改革研究院院长）

责任编辑/楼燕红

日本人如何做企业

□徐静波/文

【编者按】在第十五届中国制造业国际论坛上，日本亚洲通讯社社长徐静波做了一场题为“智能制造时代下中日制造谁能胜出”的讲演，以下是演讲实录：

大家好！我是亚洲通讯社的徐静波。我是今天论坛的最后一个演讲人，演讲的目的是想为大家打开一扇窗。

日本这个国家，现在的制造业已经到了哪一个水平？我想这是大家所关心的问题。因为时间有限，我今天集中讲以下三个内容：

第一，日本的制造业如何转型。

第二，日本的制造业如何创新。

第三，日本的中小企业如何发展。

我想起1992年到日本留学的时候，学校安排我们去参观了日本的麒麟啤酒厂。进去一看，就像今天这一会场大的生产车间，只有两名员工。日本的工业自动化和精益化管理，在26年之前，我已经看到了，日本比我们中国早走了至少20年。

谭建荣院士在刚才演讲的过程中也讲到一点，丰田汽车的精细化管理不是自己总结的，是麻省理工大学的教授总结的。为什么会出现这个情况呢？道理很简单，日本人总是低着头做事情，从来没想到过要去总结经验去邀功。这就是“中国制造”和“日本制造”的一个差别。中国的企业有了小发明、小创造以后一定要邀功。为什么呢？邀了功以后可以得到许多好处，政策的倾斜、资金的倾斜但是，日本任何一家企业，你有了重大的发明、重大的成果、重大的创新，你就得闷声不响的，因为没有人会表彰你，没有一家政府机构会给你政策倾斜，你说了最终没有做到做完美，那会成为行业的笑柄，有损企业的声誉。这样的环境就导致了日本的企业只是兢兢业业老老实实地做自己的事情。

我们都知道，日本百年以上的企业有3.5万家。中国有多少家？据说只有5家。瓦房店轴承集团在中国发展了80年，作为制造企业，已经很了不起，据说当初还是日本人在中国建的第一家轴承厂。但是，在日本，像瓦房店轴承集团、江南造船厂这样的资深制造企业有太多。为什么3.5万家百年企业可以在日本存续下来？道理很简单，就是认认真真、兢兢业业做自己能够做的事情，不盲目地扩大投资。做好本业是日本企业长久的秘密。

下面我来切入今天的主题。

日本企业如何实现产业转型

日本产业界的转型是从2011年开始的。为什么是从2011年开始呢？日本有一家电气公司叫NEC。大家可能不怎么了解它，日本人叫它“日本电气公司”。20世纪80年代，中国的四通打印机是一个伟大的革命，我们从铅字印刷开始进入了电子打字的时代。这项技术就是NEC公司提供的。NEC是日本的第一台电脑的生产厂商、第一颗人造卫星制造公司。

2011年，家家户户还在购买电脑的时候，NEC公司突然决定抛弃电脑事业，这震惊了日本社会，因为NEC公司是日本电脑的鼻祖。结果，谁买下了NEC公司的电脑事业呢？是中国的联想集团。但是，过去了8年，我们发现现在电脑产业已经是夕阳产业。当时NEC要把电脑产业抛弃的时候，卖了一个好价钱。但是，我们现在发现，到后来索尼公司、东芝公司、富士通公司要把电脑产业卖给人家的时候，就没有人接盘了。NEC抛售电脑，这就是日本制造产业的预见性。NEC公司老早就认识到：传统的电脑最终是要被淘汰的！现在我们来看，联想买了NEC电脑产业后，业绩变得越来越困难。这是NEC公司兴起了产业的转型革命。

那么，现在NEC公司在干什么呢？现在日本大部分的全自动驾驶汽车的系统就是NEC公司研发的。抛弃了电脑产业以后，NEC并没有扔掉自己的半导体技术，而是继续研发尖端的半导体技术。所以，我们可以看到日本产业的革命并不是由政府引导的，而是由企业的自我革命、自我创新引导的。

东芝和索尼抛弃电脑事业以后，索尼公司在今年创下的利润已经达到20年来的最高水平。索尼公司把电脑产业卖掉，电视机也做的很少，好像它的产业不太多，怎么会有这么高的利润？对了，它不做壳，改做内件了。比如，它的传感器已经占到全球份额的70%。

东芝公司把白色家电扔了，扔给谁呢？中国的美的公司。把电视机扔了，扔给谁呢？扔给我们青岛的海信。前几年，中国媒体当中有一种很大的舆论，觉得我们中国把日本最牛的产业买下来了，日本制造业垮掉了。大家想一想，现在你的家里还看电视吗？已经不看了。

电视机的制造厂商为了把电视机多卖几台，先告诉你的是客厅里必须有一台，你自己的房间里必须有一台，你孩子的房间也必须有一台，一个家庭三台电视机，现在一台都不看，日本人早认识到这一点，所以他们把它扔掉了。日本认为包括电视机在内白色家电已经是一个产业包袱，或者说是产业垃圾，中韩等一些国家都已经做得很好了，没有必要再维持这一产业。把这个垃圾产业扔掉，他们是轻装上阵，再去开拓新的产业。这是日本电子产业的新的发展理念。

东芝、富士通、松下、夏普把手机都扔掉了。现在日本还有索尼公司在生产一部分手机，一年大概500万台。还有一个京瓷公司，他们自己还在生产一部分手机，因为他们有au移动通信公司，但是都是国内使用的。大家想想他们把手机扔掉以后，技术怎么办呢？结果它们的零部件大多卖给中国，利润比自己做手机还好。

华为手机这几年发展得很快，你们要知道华为手机基本上是在日本研发的。任正非先生这个人很聪明，他不是把人家的生产线买下来，而是把人家的头脑买下来。日本这么多公司，把手机扔掉以后，有这么多手机研发人才，任正非把他们高薪雇佣起来，在横滨设立了一家研究所，招募了400多名日本的手机工程师，帮华为研发智能手机。同时，日本这些公司的手机零部件业提供给华为、OPPO和小米。华为手机研发的这么好是因为用日本人、日本技术，所以OPPO也学，也在日本设立了研究所。所以我们可以看到，日本把手机产业扔掉了，但手机零部件卖给中国后，获得的利润仍然很高。

富士通现在在构建物联网，同时构建一个宇宙的监测系统。因为日本现在进入到汽车全自动驾驶时代，它的信号不能出现斜折线，必须直线。也就是每时每刻在日本的上空必须有两颗卫星，这样才能确保它的信号与汽车做到精准同步，不至于让全自动驾驶汽车出现1秒钟的滞后，以避免交通事故的发生。这个系统是富士通公司在研发。

再看看佳能。佳能是卖照相机的，但是因为高清镜头的手机的普及，照相机产业日子越来越难过。佳能也开始转型，你根本想不到，佳能现在在参与研发小型火箭。因为大型火箭的投入太大，佳能成立了一家公司，拿了50%的股权，聚合了一些日本主要的电子与军工企业，在研发小型火箭发射商业卫星。佳能把东芝的医疗设备公司买下，还开始投身医疗产业。

其实日本转型最成功的一家企业是富士胶卷。我们年轻的时候拍照片只有两种胶卷，一个是柯达，一个是富士胶卷。现在柯达死了，富士胶卷还活着。为什么呢？富士胶卷把它做胶片的膜技术提炼出来，用于生产化妆品。PPT上的这套化妆品就是富士胶卷公司生产的，在日本的销量相当不错。同时，它在研发新药。也就是说，富士胶卷从一家面临淘汰的传统企业成功转型为高新技术企业，没有像柯达那样死掉。

日本企业的自主创新

2018年5月，李总理去日本访问，他在北海道参观了丰田汽车公司，很认真地听了1个多小时的介绍。中国现在在拼命发展电动汽车，日本已经意识到电动汽车的电池存在两个问题。一个问题是容易老化，就像手机电池，过了一年，发现充电困难。第二个问题是电池处理过程会产生很大的污染。丰田汽车公司从1992年开始研发氢能源技术，现在这个氢能源汽车已经销售了6000辆，年产3000辆。

这个汽车有什么特点呢？我去开了一次，这辆汽车充气3分钟，可以开650公里。它跟充汽油一样便捷，而且价格比汽油便宜。李总理看了以后，他就觉得我们电动汽车政策需要调整。中国现在就开始研究日本的氢能源的未来发展方向。

丰田汽车公司不仅仅是把氢能源装在汽车上，而是把它开发成移动电源。当地震发生以后，当海啸来的时候，或者当台风来袭时出现停电，这辆汽车的氢能源可以接上家里的电源，保证一户家庭一个星期的正常电力供应。然后，把氢能源反应装置搬到大楼里，可以供这个大楼所有的用电。日本政府现在宣布要进入氢能源社会，家家户户只需要安装小小的氢能源反应装置，就不再需要电力公司提供电网供电，氢能源反应装置排放出来的是清水，对环境没有污染。氢能源是未来最清洁的能源，也是取之不尽的能源，丰田汽车公司已经宣布完全开放这一技术，造福人类。

大家还要关注软银和丰田汽车公司现在在做的一件事情。软银这几年悄悄地干了一件事，将全世界主要的AI技术公司，以出资或者收购的手段纳入自己的旗下。现在的软银集团是全世界拥有AI技术最多的一家公司。软银控制了这些技术想干什么呢？他去找了丰田汽车公司的社长丰田章男。按照丰田社长的说法，买汽车的时候不是消费，是买了以后才消费。

这辆车是全自动驾驶汽车，早上上班的时候，你通过网约系统把它约上，车自动开到你家门口，把你载上开到上班的地方。过了上班高峰期以后，车开到物流公司的仓库里去做商品配送。然后，中午去办公区卖盒饭。到了下午，再去送货。到了傍晚，通过网约系统，再把你们一个个地接上送回家。到了晚上，它装上啤酒、各种小吃，开到一个热闹的街头，成为一家移动商铺。这不是一个梦想，它将于2021年全部公开上市。

日本的老龄化问题很严重，如何帮助这些老人？软银与丰田汽车公司的构想是，当农村的老太太生了病，怎么办？没有子女在身边，就委派一辆全自动驾驶的“调色板”去接她。车上可以量体温和血压，通过远程问诊，基本数据报给医生以后，到了医院，该手术的就手术，该吃药的就吃药，把基本问题解决在移动过程中。

软银公司和丰田公司，第一不缺钱，第二不缺技术，第三不缺智慧，两家企业巨头开始打造世界上第一个AI社区。日本的全自动驾驶汽车将于2020年东京奥运会上投入使用，出租车和选手村里的所有巴士都要进入全自动驾驶系统，日本要把东京奥运会开成一个“科技奥运”。这就是日本的科技实力，而这一科技实力在于它的前瞻性，以及为了实现这一前瞻性所默默实施的周全的技术储备。

日本现在很重视尖端医学的研究。2018年日本又获得了诺贝尔奖。18年，1年1个。我们中国才2个。为什么日本的诺贝尔奖会出现井喷现象？因为日本比较重视基础研究，我们中国比较重视应用研究。马云先生把应用研究做得很好，一个技术拿来以后，做成了一家大电商。马化腾先生也做的很好，一个微信——交友信息软件，可以打造成百货平台和金融平台。但是，日本人觉得技术应用虽然需要，但基础研究更重要。所以，日本科研经费的55%用于基础研究。

正因为有扎实的基础研究，才会有诺贝尔奖。丰田的氢能源技术从1992年开始研究，到2014年才开始应用。你说中国哪一家民营企业愿意花20多年的时间去研究一项技术？没有。

日本做到了，他们有这个耐心，也愿意花这份钱。研发成功之后，还愿意向全世界公开这项技术，提供免费利用，做得还很有情怀。

日本现在致力于彻底克服癌症堡垒。2018年获奖的本庶佑教授，他研究的成果很有意义。癌细胞和人体的正常细胞之间相互碰撞以后不会产生融合，也就是健康细胞无法消灭癌细胞。为什么会出现这一问题，本庶教授花了很多的时间去研究，终于发现癌细胞裹了一层蛋白质。他于是再与医药公司合作，发明一种药，可以把这个蛋白质打掉，使健康细胞可以对癌细胞发动进攻，最终把癌细胞消灭掉。现在这款新药已经开始出售了。日本2万多病人使用了这款新药以后，总有效率达到30%。本庶教授自然是不满足，他希望今后人们可以像治疗感冒一样，吃几片药打几针就可以治愈癌症。所以，本庶佑教授将自己未来的专利所获和诺贝尔奖的所有奖金拿出来，凑1000亿日元，相当于60亿人民币，以个人之力设立一个医学研究基金，最终要攻克癌细胞。我想到了两个字：“伟大”。

刚才中国商飞公司副总经理郭博智先生介绍了我们大飞机研发制造的情况，我们为中国开始拥有大飞机感到自豪。但是，我们也必须注意到一个事实，一架大飞机，500多万个零部件，最初在中国只能找到三分之一，还有三分之二找不到，所以我们C919客机需要海外200多家一级供应商。波音787是美国的，但日本人认为这是日本准国产飞机。

为什么这么讲？我给大家说两个事实，第一，这个飞机的机体不是用铝合金做的，而是用日本东丽公司研发的碳纤维造这个机体的是三菱重工。你看波音787客机的翅膀像鲨鱼翅膀一样，是弧形的，铝合金是做不出弧形的，只有碳纤维能做出弧形。碳纤维还有一个特点，它的室内温度比铝合金机体的室内温度降低6℃左右。同时，它的重量比铝合金的重量减少30%，意味着灌同样的油，它可以多飞30%的航程。它的机头是富士重工造的，它的电子系统是松下电器提供的。这就是日本的航空工业的现状。大家一定是第一次知道这一事情，因为日本企业做事不吭声，不喜欢张扬。

日本如何扶植中小企业

上午在举行中国前50家制造企业圆桌会议的时候，我就讲到我们中国的制造业如何做精细化、数字化、智能化问题。其实我们的政府和企业也想了许多的点子做的也很努力。我昨天去参观天津的西门子弗莱德公司，他们的精细化做得很好，我觉得我们中国人完全可以把企业管好。但是，要做到精细化，要实现数字化和智能化，单靠企业自身的努力是不够的，要解决好三大问题。

第一大问题，政府需要做什么？政府的职责就是要给制造业创造一个很好的舒适的通畅的行商环境。你鼓励企业去搞数字化、智能化。我买机器人的钱哪里来的？没钱。为什么没钱？我纳的税太高了。你能不能把税给我减一点？政府应该去做这件事情。日本的法人税已经从30%减到了23%，中小企业的法人税已经从25%减到了15%。我们中国有没有可努力的余地？我想绝对有的。因为我们的政府比日本政府富裕得多。

第二大问题是资本。一家企业发展需要资本，资本来自什么地方？第一，来自与自身的积累。第二，来自于银行。第三，来自于社会，也就是各种基金资本。中国制造业现在依赖的资本，最大的不是自有资本，也不是银行资本，而是社会资本。我们这里在座的有投资公司的总裁，你们眼睛盯着的是，投下去以后，什么时候能够把这家企业做上市，我能获得最大的利益。中国创新企业有一个绰号，叫“轮企业”，A轮、B轮、C轮投资结束后，企业还没有实现盈利，但是号称股值已经达到了几百亿美元，于是包装上市，大家分钱。

投资基金是一把双刃剑，它能够助推企业在初期飞速的发展。但是，它也是一根上吊的绳子。为什么这么说？大家知道，所有的投资基金，跟企业都有对赌协议，5年或者8年，你做不到他的期望值，你就死掉了。你上市以后，过了若干年，他把资金一抽逃，你怎么办？就像火箭发射卫星，上去以后，还没进入轨道，推动力就没了。所以，许多所谓的创新企业一上市就黄，原因就在这里。大家是玩钱，而不是做实业。

日本怎么做？大家看PPT上这几点。日本企业几乎都是丰厚的自有资金，为什么日本企业有这么多钱？因为他们善于积累，存钱过日子，不会乱花钱，即使上市，也只做本业，不会盲目扩大投资。

我举个例子，京瓷公司是稻盛和夫先生创办的，稻盛和夫先生说过一句话，他说京瓷公司7年不赚钱，公司也不会垮。什么意思？说明他的公司有很多的现金积累，可以不赚钱也能维持7年，大家要知道，京瓷的员工数是5万人。

日本企业有一句经营行话，叫“安全驾驶”，企业一定要有大量的自有资金的积累，这样的话，不管遇到多大的风浪，什么金融危机、泡沫经济崩溃，企业都可以支撑3年、4年、5年。然后，我可以用充裕的时间和财力慢慢地实行转型，慢慢地提升自己的产业。

日本银行协会调查了中小企业，问他们要不要银行贷款？70%的中小企业告诉银行一句话，我们不要你的贷款。日本的商业贷款的利率是1.5%。这么低的利率大家还不要，说明日本企业真的有点钱，而且还没有太多的野望！东京股市从安倍上台的2012年的8000点，已经上升到现在的22000点。我们必须看到，日本企业这几年不是走下坡路，而是在走上坡路，而且始终是默默地往前走。

我很感激工信部中国机械工业企业管理协会和制造业国际联盟邀请我担任论坛特别顾问，我建议承办这一论坛的爱波瑞集团的王红艳总裁，2019年组织大家到日本去考察，考察日本的行商模式、制造业的创新能力，还有政府和企业之间如何互动、政策如何制定、如何开拓市场，不单单是精益化管理的问题。

我觉得日本企业这种沉稳、恒久的发展模式应该成为中国企业参考的范本。

责任编辑/沈丽萍

李书福：智能制造是唯一出路

□李书福/文

【编者按】赋能升级、智造未来。10月12日，“2018世界智能制造大会”在南京开幕。吉利控股集团董事长李书福应邀出席并发表“智能制造，降本增效——以用户体验为中心，全面推进品质革命”主题演讲。

李书福出身制造业，坚守制造业，对制造业充满感情。他认为，中国制造已经到了十分重要的关键转型时刻，智能制造是唯一出路和美好未来。他呼吁，万众一心，尽快形成中国汽车工业的核心竞争力，推动中国制造从全球价值链中低端迈向中高端。

以下是李书福董事长演讲原文：

开放的中国已经与世界紧密相连，全球经济一体化的潮流不可逆转，全球产业链进一步合理分工，持续深入改革，扩大开放，不断提高全球化水平，依然是摆在我们面前的重大历史机遇。

1949年10月1日，中华人民共和国成立，29年后，党的十一届三中全会召开，中国拉开了改革开放的伟大序幕，以经济建设为中心的春天讲述着越来越多的动人故事。大家携手共进奔小康，你追我赶逐梦去，浩浩荡荡闯市场，成败化为大合唱，春天的故事，唱出了惊人的物质财富。

今天，中国成为世界第二大经济体，我们已经解决了温饱问题，正在实现全面小康。

在这个历史节点，召开了党的十八大、十九大，并提出了以供给侧结构性改革，经济高质量发展，五位一体总体部署，四个全面战略部署，四大自信，五大发展理念，三大攻坚战,一带一路建设等为主要内容的习近平新时代中国特色社会主义思想。

中国经济进入转型升级、高质量发展新阶段。青山绿水，蓝天白云必须重新回来，大众创新、万众创业，全面推动国家综合竞争力提升，实现中华民族伟大复兴的中国梦。

一个企业，尤其是制造业，如何正确理解这样的时代背景，如何积极响应？如何抓住这来之不易的历史机遇，创造更大的商业成功，为用户提供更体贴、更加与时俱进的消费体验？如何适应中国人口老龄化挑战？如何迎接中美贸易摩擦产生的一系列经济现象及由此带来的各种深度结构调整？

就当前而言，回答这些问题的唯一答案就是智能制造，降本增效，以用户体验为中心，全面推进品质革命。这既是中国制造业的唯一出路，也是中国制造业的广阔前景、美好未来。

制造业的卓越进程必须走向价值创造链的中上游层面，并且形成核心创造能力，而不是长期停留在价值链的中低端继续粗放发展。中国制造业必须要有自己的独立思考，必须进一步总结过去，展望未来，不能玩小聪明，搞短平快。

智能制造的本质就是工业化与信息化的深度融合，智能的本质就是数字化技术的灵活应用、广泛链接与自学习能力的不断提升，制造的本质就是把设计变成产品，把虚拟变成现实。智能和制造四个字放在一起就是工业化与信息化的深度融合。

从全球来看，美国是互联网+，欧洲是+互联网，所谓的互联网+，就是在互联网的前提下、基础上、环境中发展制造业及相关周边产业，所谓+互联网，就是在现有制造业及相关产业的基础上结合信息技术，最终形成工业互联，消费物联，人机交互，万物相联。

这是两条不同的发展道路，也是符合各国自身国情，从实际出发的自然选择，对于中国的企业来说，大家可以因地制宜，各显神通。中国制造，无论走哪一条转型升级发展道路，都离不开智能制造的共性话题，智能制造是中国制造业转型升级的必由之路。

智能制造的目的是什么？是图个概念，要个花架子还是要形成核心竞争力，实现可持续发展能力？如何实现智能制造？不同的企业、不同的行业情况千差万别，什么样的价值取向，什么样的发展理念，就决定了什么样的发展路径，这是事物发展的规律，谁也无法抗拒。实现智能制造必须痛下决心，必须从用户需求出发，从企业决策者内心出发，不断超越自我，实现引领。

制造业赚不了快钱，但是如果实实在在干制造业，也是饿不死，风险较低的行业，制造业需要长期努力，长远规划，需要人才培养，团队稳定，科技投入，创新驱动，制造业在整个国民经济中扮演着十分重要的基础性角色，既要战略清晰，又要耐力足够，更要意志坚定。

最近几年，虚拟经济虚火旺盛，有些没有责任感的资本，以及唯利是图的资本，甚至非法的资本严重扰乱实体经济的健康发展。各种网络非法交易，客观上助长了线上法外之地的滋生，扭曲了党和政府的正确战略，有些实体经济企业经不起这种现象的诱惑，为了赚取快钱而进入自己不熟悉的行业，赶热浪，造概念，结果是欲速而不达。

发展智能制造，需要环境、资金、人才与可持续发展政策的支持，国家政策不能摇摆，必须清晰而坚定地支持智能制造产业的发展，既不能过度空喊口号，更不是一次会议管多少年，必须持之以恒、坚定不移、理直气壮地拿出一系列政策，长期地支持智能制造产业的发展。

虽然机器可以取代人的一部分功能，可以走向高度智能化，但机器就是机器，有其局限性，我们一定要明白，机器是由人设计制造出来的，创造机器的核心基础还是人，如果没有足够的人才条件支持，智能制造只能停留在理想状态、初级阶段。

当今中国迫切需要教育体制改革，需要大量基础人才的培养，中国实业界需要培养大量软硬件技师技工人才。

软硬件两方面的人才都很重要，既不能重软轻硬，也不能重硬轻软，没有硬件的支持，软件将失去意义，没有软件的帮助，硬件将无法智能化。

因此中国需要培养大量的软硬件工程师，需要一代又一代年轻的力量加盟到智能制造的潮流之中，让智能制造成为一种时尚，吸引大量热血青年为之持续地务实奋斗。

中国制造需要不断地打基础、练内功，万万不可急于求成。中国制造的人才队伍需要进一步练就硬功夫，学会真本领，一定要谦虚地寻找差距，承认差距，努力地弥补差距，不断地攀登科学技术的高峰。

千万不能脱实向虚，空谈理想，不懂装懂，好高骛远，我们的制造业必须要建立在有竞争力的软硬件人才培养能力与成长环境的基础之上。

有竞争力的智能制造场景不会从天上掉下来，工匠精神也不会从天上掉下来，一定要让干活的人有尊严，乐意为之奋斗，一定要提倡劳动光荣，尊重勤劳致富，只有这样，我们才能实现中国制造2025的伟大目标。

智能制造产业链很长，从技术规划、工艺选择、设备选型，到芯片设计、芯片制造、商业模式探索、生产数据累积与利用、软件设计、系统应用、网络架构规划、多种链接协议的对接以及正确评估、确认自身处于智能制造的哪一个阶段，科学规划，分步实施等。

所有这一切都离不开基础理论的研究、基础工业的发展、基础人才的培养，这三个基础都需要政策大环境的配套，需要教育体制改革，投融资体制改革，还有法律环境建设。

拿来主义，不但不能形成核心竞争力，反而造成技术差距越拉越大，主动权越来越小，可持续发展能力越来越受制于人。

我来自于制造行业，一辈子没有离开过制造业，我对制造业充满感情。

尤其是进入汽车行业后，我越来越感受到制造业对国民经济的重要性。但是客观公正地分析中国汽车行业，就会发现，短板确实存在，如果不加以弥补，不尽快形成中国汽车全产业链竞争优势，世界第一大汽车市场的中国，就会继续被全球各国汽车品牌瓜分，中国汽车行业被动局面将会继续存在下去。

如果尽快地采取有效措施，弥补短板，形成中国汽车全产业链竞争优势，将会对中国整个制造业产生全局性帮助，也会对全球汽车工业贡献力量，而且能够得到同行与用户的尊重。

智能制造在汽车行业应用广泛，无论是整车设计、工程研发、车间互联、机器学习还是上、下游产业链协同发展，都离不开智能制造。

智能制造必须体现竞争力。落后的技术、落后的管理、低劣的品质、居高不下的成本，必然被先进的技术、先进的管理、高标准的品质、有竞争力的成本控制所取代，任何形式的商业谈判、舆论公关都回避不了以上这些根本性问题。

工业的本质是客观存在的，工业产品的竞争力必须通过智能制造才能得到不断提升，工业企业的效益只有通过技术创新，品质提升不断提高产品科技含量，不断提高用户消费体验水平，不断降低物耗成本，充分利用产能，保证产品一次通过率，才能让用户买到高可靠性、高品质的消费体验，才能让企业立于不败之地。

在经济全球化的今天，竞争无处不在，优胜劣汰是市场经济的常态，中国制造已经到了十分重要的关键转型时刻。

对企业来讲，已经到了决定成功与失败的分水岭，已经走到了淘汰赛的生死发展阶段，唯有转型升级高质量发展才能走向光明未来，任何形式的抱怨与自我欣赏都回避不了无情的市场竞争与残酷的生死挑战。

我们必须鼓起勇气，直面挑战，解决问题，向内部管理挖潜力，向科技创新要效益，不能简单地向用户转嫁成本，更不能搞不正当竞争。否则将会伤害中国经济高质量发展的转型进程，破坏市场经济秩序，最后不但损失用户的利益，而且搬起石头砸自己的脚。

（下转156页）

杭州花之城纺织（绣品）有限公司

浙江和康医疗投资管理(集团)有限公司(简称“和康医疗”)是由钱培鑫博士创办的以创伤外科和康复医学为品牌的大型医院连锁管理机构，是浙江省社会办医龙头企业，总部位于杭州。

集团奉行“人本 诚信 创新 求精”的精神，坚持“以人为本，以德立院”的核心理念，以“办百年医院，树百年品牌，营百年产业”为战略目标，组建了一支由陈新年、叶再元、黄德海等为顾问，祝世法、裘华森、梁玉敏等百余名医学专家和医院管理专家组成的精英团队，为旗下医院所在地的患者提供高品质的医疗服务。公司愿景：让我们的医院成为当地就医者的目的地，让我们的企业(医院)成为每位员工的退休地。

集团旗下现有浙江智杰医疗器械有限公司、浙江和康医药股份有限公司、杭州和而生企业管理咨询有限公司、杭州和康养老服务管理有限公司 、安徽和而生健康实业有限公司等机构及浙江、安徽、江西等地二级以上综合医院/康复医院14家，旗下杭州和康康复医院在2016年、2017年香港艾力彼全国康复医院排名中位列全国第24、浙江省前列。

2013年，公司与政府深度合作，总投资逾4亿元的新建长兴第二医院项目正式启动，目前用房面积达24000平方米的长兴第二医院一期已完成建设并启用。2014年3月，拥有床位600张、浙江省首家二级康复医院杭州和康康复医院正式开业，2015年10月,拥有床位400张的和康第二康复医院开业。同时，位于杭州市江干区占地面积200余亩，建筑面积5万余平方米的杭州和康医养产业园正式启动报批。2017年1月，集团与清华大学社科学院健康产业与管理研究中心合作，成立“清华大学健康产业与管理研究中心浙江工作站”“清华大学健康产业与管理研究中心博士后研究基地”。集团还是温州医科大学杭州校友会总部和温州医科大学杭州人才工作站所在地。

公司凝聚了公司创始人钱培鑫博士30余年医疗临床和医院管理实践经验，形成了以公益性为基石的良好经营理念，藉此理念，公司各所属医疗机构取得了社会效益和经济效益的双丰收，得到地方政府和百姓的广泛认同，已成为浙江省社会资本办医的龙头企业。

和康医疗
HEKANG MEDICAL

畅　享　绿　色　生　活

公司成立于2003年8月，是一家集基地苗木培育、营销、工程设计、施工及养护于一体的现代化园林工程企业。公司技术条件雄厚，具备承接各种规模的园林绿化、市政设施、园林设计等工程的能力。

公司坚持以“信誉第一，以人为本”的经营宗旨，成立至今已先后在浙江、上海、新疆、贵州、青海、山东、云南等地承接了大量的绿化工程，公司以提升市政环境为目标，在工程中不断优化和改善城区环境，美化和提升城市品位。公司在发展自身业务的同时，也有力地推动了当地产业经济的快速发展。公司凭借优质的施工技术、良好的信誉与服务态度，受到了社会各界人士及政府的高度评价。

冈仁波齐：众神的居所

☆专家评语☆

峰形独特，遗世独立，突兀之美令人怦然心动；一座多民族、多宗教、跨地域共同信仰的神山，从古远年代起就被印度史诗《吠陀》讴歌，迄今我仍是它的激赏者和赞美者。——马丽华

独特的位置，四条国际大河的源头，它成为多种宗教的圣山是很自然的事情。——王　石

横亘在西藏南部的冈底斯山脉，峭壁千仞、冰川纵横，气势磅礴。其主峰冈仁波齐位于西藏阿里地区普兰县境内，它既是世界公认的神山，同时也被印度教、藏传佛教、西藏原生宗教苯教以及古耆那教认作为世界的中心。

海拔6638米的冈仁波齐是亚洲四大河流的发源地，雪峰附近发育了狮泉河、马泉河、象泉河和孔雀河，它们分别是印度河、雅鲁藏布江（布拉马普特拉河）、萨特累季河和恒河的上源。洁白晶莹的雪峰与藏族人称为“圣母之山”的纳木那尼峰遥遥相望，两峰之间，安睡着美丽圣洁的圣湖——玛旁雍错和变幻莫测的鬼湖——拉昂错。

冈仁波齐由数千米厚的普通研石、卵石、砂和软硬相间的砾岩组成，由于岩层性质不同，又受到不同方向的构造变动，加上自然界长期风化作用，形成了今日外貌奇

特的“神山”。在峰峦起伏的群山之中，冈仁波齐横空出世，直耸云霄，峰顶被皑皑冰雪覆盖，与朵朵白云浑然一体；经过长期风化作用而形成的天然台阶纵贯峰体中央，好像通往云端的悬梯，两侧悬崖绝壁，使整个峰体显得更庄严雄伟，堪称天成的神殿。

冈仁波齐周围共有5座寺庙；年日寺为转山第一站，以后依次为止拉浦寺、松楚寺、江扎寺和赛龙寺。几个世纪以来，冈仁波齐一直是朝圣者和探险家心目中的神往之地，但是至今还没有人能够登上这座神山，胆敢触犯这世界的中心。

责任编辑/沈意　本文图片均为资料图片

海南度假

当然

棋子湾开元

与美邂逅

放空自己

一样的开元

不一样的海南

西溪喜来登：饱览西溪芳华

□杭商全媒体记者 吴梦诗/文

在西溪国家湿地公园的东侧，水网密布的水道之间，坐落着一处徽派水乡气息浓郁的建筑——杭州西溪喜来登度假大酒店。

酒店层高5层，外观淡墨清雅，具有典型的江南水乡特质。酒店各处绿荫环绕，隐约可见一

■西溪喜来登鸟瞰（效果图）

条整洁的石板路向内延伸，连接着西溪的暖阳、植被、建筑和时光。白墙、灰瓦、朱红色的立柱夺人眼球，一排排的芦苇点缀在碧绿蜿蜒的溪流两侧，时常有不知名的水鸟飞过，简洁地勾勒出一丝古朴和悠然，完美地呼应了西溪湿地之绝美。

西溪喜来登是“家”

杭州西溪喜来登度假大酒店以休闲度假为主题，旨在营造舒适、雅致的度假氛围。大厅正中间的白色石膏雕塑，酷似人形，像极了“一家四口”。以“爱”来服务每一位宾客，

■西溪喜来登外景

是酒店的宗旨。

酒店分为东西两翼，包含380间客房与套房，在来宾入住酒店之前，服务员会亲手制作一些小卡片、小便签，或者画一些卡通画，作为欢迎制品或温馨提示，放置于房间内。酒店每一间客房都配备了观景阳台，阳台的景色分为庭院景致和湿地景致。阳台上放置了舒适的沙发和茶几。阳台栅栏设计的原型来自西溪湿地的鸟瞰图，通过艺术手法将交织错落的水道完美的表现了出来。

所有客房的面积都大于45平米，提供有口皆碑的喜来登

■西溪喜来登大堂

特色睡眠体验，床垫由1000根弹簧独立支撑，符合人体工程学设计，床边还贴心地准备了iPod音响底座，让宾客在喜来登的每个晚上都拥有酣畅一梦。

入住套房的来宾将获得更多的惊喜：双观景阳台，鲜花迎宾玄关一应俱全。客厅墙上的主背景是完整的杭州丝绸刺绣，绣工立体而又精湛，梅花栩栩如生，仿佛从画布上探了出来。

针对家庭出游的客人，酒店有童趣亲子房（面积45平方米）和童趣家庭套房（面积95平方米）2种亲子房型可供选择。2018年夏天，酒店将童趣家庭套房进行升级，全新推出了多媒体互动家庭套房，添置了高清WIFI家庭影院智能投影，分辨率高达1920×1080的100英寸巨幕，被奔驰、保时捷等豪车广泛使用的美国哈曼卡顿音响，专业游戏手柄等。通过正版授权的影院软件，来宾可以点播3000部以上的电影、10万集电视剧、海量动画片和儿童剧，以及数十款王牌联机游戏，让来宾享受天伦之乐的同时，拥有一个高水准的视听娱乐体验。

酒店还专门设立了一处儿童俱乐部，儿童设施应有尽有，是孩子们玩乐的天堂。每到节假日，酒店会举办一些儿童手工的趣味活动或者亲子互动活动，比如画糖画，小丑扎气球等，培养大人与小孩之间的默契，深受各个家庭的喜爱。

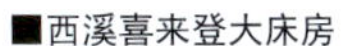

■西溪喜来登大床房

■西溪喜来登亲子房

酒店有一处精美的艺术长廊，长廊上挂满了世界知名大师的画作，空气中弥漫着艺术的气息。

在长廊的一处，展览了杨绫子学校学生的一些手工作品。酒店与杨绫子学校已达成合作，将学校学生亲手完成的画作、笔记本、眼罩等作品进行义卖。授人以鱼不如授人以渔，酒店此举不仅从侧面上资助了杨绫子学校，更是对这一类孩子的一种精神上的鼓励，是回馈社会的一大义举。

此处更休闲

到了用餐时间，酒店大堂吧、盛宴（互动式全日制餐厅）、萨婷（现代时尚法餐厅）、采悦轩（新派中餐厅）任君挑选，既可以享用包含亚洲美食在内的国际美食，又可以品尝地道的杭帮菜。

来到大堂吧，首先映入眼帘的是大片的落地玻璃窗，太阳穿透玻璃，毫不吝啬地将阳光洒满了整片区域。户外的露台区域更可以让来宾零距离与大自然交流，并融为一体。抬眼望向天花板，高悬的琉璃灯饰，粉绿相间，取意“蝶舞飞扬”，宛若百只彩蝶萦绕立柱翩翩起舞。这些琉璃灯饰均由土耳其艺术家手工打造而成。在此处慵懒地喝杯鸡尾酒，伴随着悠扬的阵阵钢琴声，欣赏这纷飞的彩蝶，不失为一翻意趣。

盛宴全日制餐厅主要提供自助早餐、午餐和晚餐服务，共有268个餐位。餐厅的设计理念参照中国传统的五行学说（金木水火土）：金，即体现在墙面的多棱面黑金石上，

■西溪喜来登大堂吧

■西溪喜来登盛宴标帜餐厅

在阳光照耀下，折射出斑驳的光圈；木，另一区的墙面由原木作为装饰；水，空中的灯饰线条流畅，宛如行云流水；火，整块鳞片墙面在风的吹拂下起伏，呈现出活灵活现的火焰图案；土，地面的天然砖石给人以质朴的感觉。

采悦轩中餐厅共有7个精致小包间和大厅区域，以“西湖雨”为主题，墙面上泛起点点涟漪，顶层的吊顶为水波纹路，结合水滴状的吊灯，营造一种江南水乡的场景，仿佛身处杭州西湖的水墨中品尝地道的杭帮菜和精致粤菜，体验感十足。

用复古和华丽来形容萨婷法餐厅最为贴切不过了。萨婷的中心理念来自于法国著名景点——红磨坊，餐厅的主色调为红与黑。高贵与典雅，怀旧与韵味紧紧融合，配以皮革和水晶点缀，给人一种置身于七八十年代的法国的错觉。

酒店花园中心处，宴会厅和多功能会议厅一应俱全，宴会厅面积约为1050平米，6.8米层高，分割为3个独立的会议厅，可容纳1600名宾客。宴会厅整体的装修风格大气恢弘，主要以大地色系布置为主。厅中共有9盏水晶吊灯，每盏水晶吊灯均镶嵌1000多块水晶三棱镜，梦幻典雅。宴会前厅区域分为室内和室外两个区域，拥有绝佳的自然采光和景色，可以满足酒会、烧烤和婚礼仪式等一切需要。

除了主宴会厅外，还有14个多功能厅，每个多功能厅均是全景落地玻璃，倾斜的屋顶设计加上木梁装饰，有效地提高了视觉拉升感，满足不同会议的需要。

喜来登健身房的设施亦是优质多样。跑步机选

■西溪喜来登spa馆

用的是被誉为“健身器材中的法拉利”的泰诺健品牌，不仅可跟踪记录健康数据，更是模式多样，其超大触摸显示屏还能为健身者带来个性化的体验。酒店的室内恒温泳池深度为1.3～1.5米，长25米，宽10米，拥有明亮的自然采光，让游泳健身者在清新自然的氛围中一展泳姿。

健身之余，来宾还可以体验一把喜来登水疗。水疗吧坐落于酒店东翼花园内，被涓涓溪水和植物环抱，静谧悠然。整体的装修风格承袭了酒店的江南风韵，呈现出精致四合院的格局。绿地四周共有7个理疗室围绕，其中两间为双人理疗室，其余均为单人尊享理疗室。为了凸显西溪湿地之美，单人理疗室均拥有整面墙体彩绘，每幅彩绘都按照西溪湿地实景照片为蓝本，并由西泠印社艺术家绘制而成。

忆杭州，最忆是西溪

早在四五千年前，西溪的低湿之地受洪水与干旱的夹击，形成了湿地的雏形。如今，西溪湿地被列入国际重要湿地名录，是一个集城市湿地、农耕湿地、文化湿地于一体的国家湿地公园。池塘、碧水、乌篷；芦苇、莲叶、小桥，处处是一派古朴悠然之态。

西溪湿地素来以十景（秋芦飞雪、高庄宸迹、渔村烟雨、河渚听曲、莲滩鹭影、龙舟盛会、洪园余韵、蒹葭泛月、曲水寻梅、火柿映波）三堤（福堤、绿堤、寿堤）著称；在不同的节气还会举办各类特色的节日，即花朝节（每年4～5月左右）、西溪龙舟胜会（端午节）、西溪火柿节（每年9月～10月左右）、探梅节（12月～2月左右）等。

西溪湿地东区是自然风光的精华所在，坐船穿行于纵横交错的水道，春季赏花、冬季观芦、夏日采菱、秋日品柿，四季美景皆不同。此外，西溪湿地是观鸟胜地，拥有112种类别的鸟类，几乎包含了杭州地区所有的鸟类类别。

东区看秋雪庵、梅竹山庄，感受隐士生活；西区慢步洪园，观赏湿地景观与传统庭院建筑的结合。饱览美景过后，只需5分钟的路程，便可踱步回到西溪喜来登酒店休息，在舒适惬意中远观西溪的全景，亦是一种情调。

■西溪喜来登儿童俱乐部

■西溪喜来登健身房

责任编辑/沈丽萍

杭商：使命与担当

《杭州湾会客厅》第四季成功录制

□杭商全媒体记者　周　珂/文　徐青青　李　靖/摄

11月1日，《杭州湾会客厅》第四季以“杭商：使命与担当”为主题，在康恩贝集团总部大楼录制。

杭州既是历史名城，又是创新创业的热土。杭商与杭州共生共赢，挺立于世界商业变革的潮头。杭州电视台知名主持人杨莅与杭州市政协副主席、杭州市工商联主席冯仁强，浙江省委政策研究室（省政府发展研究中心）前正厅级副主任、经济学家郭占恒，全国人大代表、康恩贝集团有限公司董事长胡季强，以及浙江圣奥集团有限公司董事长、杭州市工商联副主席倪良正就“杭商：使命与担当”这一主题，探讨了新时代赋予杭商更多的使命与担当，谋篇新未来。

冯仁强表示，“八八战略”再深化，改革开放再出发，杭商伴随着改革开放走到了新起点。杭商作为社会财富的创造者，正以创新推动企业发展。企业的壮大同样是企业家精神不断升华的过程，在不同阶段有不同含义。早期，企业家看到社会痛点，并解决它，然后赚取利益，再做更多满足社会需求的事情，在这个过程中包含着企业家对员工、对客户、对社会、对环境的担当。冯仁强相信，在新时代，杭商一定会让企业走得更好更远更久，走向国际化，担负起更多的社会责任。

郭占恒认为，企业家是在市场浪潮里冲杀出来的稀缺资源，而杭商可以说是企业家当中极富有创新精神的一个群体。从创业者到经营者再到企业家，他们在成长，他们在创造。他们为劳动者创造就业、为消费者创造商品、为社会创造财富、为国家创造税收，这是企业家的使命。杭商在此间获得成长，树立良好的社会形象，得到消费者的认可。在新时代下，杭商应该不忘初心，立业修心，传承老一代杭商艰苦奋斗的精神，把企业做大做强，担当起社会责任。

胡季强则以自身的发展轨迹举例。他18岁考上大学，选择了制药专业，希望能够为千万人服务。之后，他一路为中国制药事业而努力。胡季强发现中国缺乏真正具有国际竞争力的企业，他渴望伴随着中华民族的伟大复兴，让康恩贝能够成为走向国际的企业。在胡季强看来，是非即成败，康恩贝不仅要做有良心的

■《杭州湾会客厅》第四季节目录制现场

企业，生产有良心的药物，更要为社会贡献自己的力量！

倪良正通过切身体会，表达了对杭商在新时代下使命与担当的理解。他年轻时在生产队做工，把工作做到完美，每天能够赚到钱就好。随着企业越做越大，倪良正要为客户提供环保的健康的舒适的智能的办公空间，把最好的产品呈现给客户。倪良正从自己站立的高度回望，他在满足客户需求的前提下，产生的效益都用来提高员工的待遇、力所能及地交税、让中国孩子健康地成长。无论是在当下，还是在今后，倪良正都会尽最大努力去为社会输送正能量。

在嘉宾互动环节中，品融控股集团董事长邱娣兵、公羊会浙江总会会长吴建明分享了他们认为的企业家的使命与担当。

邱娣兵表示，企业家应该用时间和生命创造社会价值的最大化，助力员工成长。企业家不仅要有眼光与责任感，还要敢于担当，为社会贡献力量。

吴建明认为，作为企业家，一定要有赚钱能力。但现在的企业家不应当只为财富的排名工作，更应该为财富的担当奋斗，在做好自己的本职工作时，企业家一定要有家国情怀的使命，参与到社会服务之中。

接着，浙江港流高分子科技股份有限公司董事长张朝设、杭州哲达科技股份有限公司董事长兼总裁沈新荣讲述了他们在面对利益与良心时做出的选择。

在张朝设看来，企业不能不赚钱，但怎么赚钱很重要。企业应当真正满足客户需求，真正解决社会问题，做诚信企业，造良心产品。

沈新荣则表示，企业发展必然会面对如何处理好国家利益、社会利益、企业利益和个人利益的问题。如果在某个时间点，良心与利益

①杭州市政协副主席、杭州市工商联主席冯仁强

②浙江省委政策研究室（省政府发展研究中心）前副主任、经济学家郭占恒

③全国人大代表、康恩贝集团有限公司董事长胡季强

④浙江圣奥集团有限公司董事长、市工商联副主席倪良正

⑤品融控股集团董事长邱娣兵

⑥公羊会浙江总会会长吴建明

⑦浙江港流高分子科技股份有限公司董事长张朝设

⑧杭州哲达科技股份有限公司董事长兼总裁沈新荣

冲突之后，向上向善才是正确的选择。

杭商杂志社社长兼总编辑马晓才告诉记者，湾区经济作为重要的经济形态，是当今国际经济版图的突出亮点，湾区已成为全球高端要素竞争的主战场。综观全球，知名湾区旧金山湾、纽约湾和东京湾等，都依托良好的海湾资源推动着周边乃至全球经济发展。浙江省委、省政府明确提出重点建设杭州湾经济区。湾区经济御风而来，为了助力杭商群体在这股热潮中趁势腾跃、脱颖而出，抢抓机遇，更有作为，杭商杂志编辑部、杭州文广集团、杭州市工商联，共同推出了电视对话节目《杭州湾会客厅》。

《杭州湾会客厅》既是电视节目，又是政界、学界、媒体界、企业界四界联动，学习交流、资源整合的平台。节目每月录制一次，录制时，在国内知名网络视频直播平台同步直播；成片后，将在杭州电视台生活频道黄金时间播出；条件成熟时，将在上海东方台及宁波、绍兴、嘉兴、舟山等电视台联播。

《杭州湾会客厅》由杭州文广集团、杭州市工商联、杭商杂志社主办，杭州生活频道、杭商传媒承办，长龙航空、兴源环境、达利国际、湘湖金融小镇特别协办，品融集团、中广股份、明视康眼科、港流科技、元弘投资、紫邦园林、宽塘文化、域农科技、乾球环境、氦修科技协办，康恩贝集团特别支持。

邱娣兵、孟宏亮、华建华、杨华、朱丹、卢敬锋、张朝设、兰一辉、沈铁伟、沈新荣、沈水清、吴建明、李倍玲、杨水福、王真震、刘华均、邹志刚、高尧泉、邵海燕、孟一新、徐恒超、任惠玲、陈滢、刘齐、喻发兵、陈雄、洪成平等30余位杭商及社会各界有关人士参加了《杭州湾会客厅》第四季节目的录制。

责任编辑/楼燕红

■主办单位领导与嘉宾合影

简约/温馨/舒适
公司是一家以纺纱为主的棉纺企业，创办于1998年。公司坐落于杭州绕城公路萧山南出口旁，占地40亩，其中建筑面积26000平方米，现有员工750人，有纱锭7万锭。
公司主要经营制造加工化纤纱和化纤布，经销纺织原料和服装。
HUAYU
spinning and weaving
华裕纺织
◎地址：杭州市萧山区蜀山工业园区 ◎邮编：311207 ◎电话/传真：0571-22866879 | 杭州华裕纺织有限公司

教育的初心

——《杭州湾会客厅》节目第五季成功录制

□杭商全媒体记者　周　珂/文　徐青青　李　靖/摄

12月10日晚上，《杭州湾会客厅》第五季：教育的初心，在崇文世纪城实验学校录制。

教育是人类灵魂的净土，是社会良心的底线，是立国之本，是强国之基。杭州电视台知名主持人杨莅与海亮教育集团总校长叶翠微、崇文教育集团总校长俞国娣、安恒信息首席科学家刘博以及著名媒体评论员俞柏鸿就“教育的初心”这一主题展开深入探讨，分析了教育的逻辑起点，以及开展教育的方式方法。

叶翠微认为，中国的教育是在社会的深刻转型之中一步步走过来的。在工业文明时期，知识就是力量。如今社会进入到后工业时代，教育需要冷静，教育者要回到原点。首先，要让孩子们有一个健康的身体，谓之体育。之后，要让孩子拥有一双发现美的眼睛，谓之美育。教育要让孩子知道，人之所以为人，在于对自己负责、对父母负责、对家族负责、对国家负责、对世界负责。

俞国娣表示，教育唤醒的是孩子内在的那颗种子。她作为一个小学老师，倡导的是，让运动和阅读成为孩子的生活习惯，但教育更需要有规则意识，表现在，对人的尊重、对知识的景仰、对社会的认同和对生活的热爱。

在俞柏鸿看来，现在的教育中，很多时候，孩子是在帮助家长圆梦。但其实，做家长，不是让孩子听话，是跟孩子对话，发现孩子的潜能。

刘博说，教育锻炼的是孩子的基本能力，是对社会的理解和对压力的态度。在这方面，父母同样需要从容。父母的从容能够带来孩子的从容。家长应该是孩子的朋友，当孩子遇到问题时，给予建议，让他们更自信。

家长提问环节，中广股份董事长胡强与紫邦园林董事长杨华分别阐述了自己在教育孩子时遇到的问题。

胡强发现，自己的孩子刚刚上初中，但孩子的很多同学在初一时就把初三的知识都学完了，所以跟小学的成绩比，初中时孩子的成绩就有点掉队了。接下来该对孩子进行怎样的教育，胡强有些困惑。

叶翠微表示，这样的情况并不可怕。杭二

■《杭州湾会客厅》第五季节目录制现场

中有两类学生，一类是拼命向前跑的学生，一类是自然成长的学生。第二类学生在之后学习的过程中，反而能芝麻开花节节高。这些学生身体好、品格好，对自己有充分的认知，也敢于把自己的不足暴露在老师和同学面前。叶翠微给出的建议是，高明的家长一定要学会静待花开。家长要陪伴孩子的成长，也要面对孩子的不成功，找出他们的问题，再适度地转向。只要基础打牢了，第二类孩子的未来值得期待。

杨华向两位校长请教，孩子喜欢很多体育运动，但是学业又十分忙碌，该如何合理地安排自己孩子的学习与兴趣?

俞国娣认为，一个人的精力不可能面面俱到，当孩子还小的时候，就要让孩子学会安排自己的闲暇时间，要让孩子自己选择最喜欢的运动。人们竞争到最后，比的不是规定时间内完成的动作是否一致，而是在闲暇时分所完成的动作是否有效。

最后，四位嘉宾各自分享了一条自己的育人经验。

俞国娣说，“尊重。我们要尊重孩子的现状、尊重学校的教育、尊重孩子工作单位的氛围，尊重是教育的起始。”

叶翠微表示，“相信。我们要相信孩子，在跟孩子朝夕相处的过程中，放低重心去相信他们。”

刘博认为，“自信。我们要给予孩子自信，认可孩子做的选择，这样他们在进入社会后，才能走得更长久。”

■海亮教育集团总校长叶翠微

■崇文教育集团总校长俞国娣

■著名媒体评论员俞柏鸿

■安恒信息首席科学家刘博

■中广股份董事长胡强

■紫邦园林董事长杨华

俞柏鸿说，“潜能。人类学家说过，从出生到离开世界，一般人使用潜能不超过20%。作为父母，要发现孩子的潜能。”

湾区经济作为重要的经济形态，是当今国际经济版图的突出亮点，湾区已成为全球高端要素竞争的主战场。综观全球，知名湾区旧金山湾、纽约湾和东京湾等，都依托良好的海湾资源推动着周边乃至全球经济发展。

浙江省委、省政府明确提出重点建设杭州湾经济区。湾区经济御风而来，为了助力杭商群体在这股热潮中趁势腾跃、脱颖而出，抢抓机遇，更有作为，杭商杂志编辑部、杭州文广集团、杭州市工商联，共同推出了电视对话节目《杭州湾会客厅》。

《杭州湾会客厅》既是电视节目，又是政界、学界、媒体界、企业界四界联动、学习交流、资源整合的平台。节目每月录制一次，录制时，在国内知名网络视频直播平台同步直播；成片后，将在杭州电视台生活频道黄金时间播出；条件成熟时，将在上海东方台及宁波、绍兴、嘉兴、舟山等电视台联播。

《杭州湾会客厅》由杭州文广集团、杭州市工商联、杭商杂志社主办，杭州生活频道、杭商传媒承办，长龙航空、兴源环境、达利国际、湘湖金融小镇特别协办，品融集团、中广股份、明视康眼科、和康医疗、港流科技、元弘投资、紫邦园林、宽塘文化、域农科技、乾球环境、氦修科技协办，崇文教育集团特别支持。

责任编辑/楼燕红

■主办单位领导与嘉宾合影

麦当劳中国的中式维新

□张凯文/文

在张家茵看来，“如果一个食品是不能被拍照的，它也不是一个好产品。”

麦当劳中国开启“中式维新”已经400多天了。2017年7月，麦当劳与中信股份、中信资本、凯雷达成战略合作，共同运营和管理麦当劳在中国内地和香港的业务。从股份上来看，麦当劳全球保留了新公司20%的股权，占据麦当劳中国董事会中的一个席位，其余六席中，中信四席，凯雷两席。

“这次战略合作，不仅解决了麦当劳多年来面临的本地化程度不够、决策较慢等在中国发展的痛点，还极大地鼓舞了中国运营团队的士气。”麦当劳中国区CEO张家茵在2018年中国绿公司联盟圆桌会19站的活动上，与来自全国各地的70余位绿盟企业家和高管们分享说。

事实上，麦当劳全球的运营模式主要有两种：一种是直营模式，另一种是特许经营模式。张家茵说，“特许经营的精神就是在于创始人，你可以有一个创始人的思考框架，去运营这个市场，而不是以总部管理的分公司方式来运营这个市场”。此次中信、凯雷与麦当劳中国的合作，在实质上就是从中国区的直营模式向特许经营模式转变。

那么，以创始人的心态去运营的麦当劳中国在过去的400多天里发生了怎样的变化？麦当劳中国的经营策略和发展策略是否正在重塑快餐市场的格局？麦当劳将如何捕获更多年轻中国消费者的心，并获得持续的进步？

提供超级便利，五年开到4500家

为什么麦当劳在全球会取得成功？最大的原因是，麦当劳一定是在城市化进程最好的市场里面去发展，并创造“便利”。“麦当劳是一个非常非常便利的餐厅，吃是重要的，但麦当劳的特色是给到消费者一个非常便利的服务。”张家茵这样说。

2009年，麦当劳中国做了一个决定，要聚焦在一线城市，尤其是北上广深开店。这样麦当劳赢得了在北上广深的规模、媒体效应、品牌和消费者的认可，在赢得一线市场之后，麦当劳再去渗透到其他市场。

而在与中信凯雷战略合作之后，开发市场的资金瓶颈没有了，开店的速度加快了。之前从麦当劳全球的角度看，中国区每年开200家店已经是非常快速了，但对于中国市场的机会来说，显然这是不够的。

中信带给麦当劳的不仅是资金，还有地产资源，在战略协议签订之后的短短60天里，麦当劳中国就与恒大集团、碧桂园、中海地产和中信地产签了四个战略合作协议，并达成了战略联盟关系。

这样给麦当劳开拓三线至五线城市带来了契机。因为很多三、四线城市的中心只有一两个，业态通常是大型购物广场，既有购物，也有办公。战略联盟可以让麦当劳直接进入这些城市的中心，获得三分之一甚至更多的本地客流量。

事实上，在2017年一季度，麦当劳中国就订立了一个五年计划，要在2022年在中国区拥有4500家店，其中三线至五线城市的店面数占比要达到45%。

麦当劳中国从战略合作前每年开200家餐厅，到2017年开300家，今年则接近400家，餐厅数量每年都是递增的。地点、地点、地点，复制、复制、复制是麦当劳发展的首要秘诀。

当下，麦当劳中国根据在某个城市“取得领导地位的难度”和“未来发展潜力”把所有的城市划分为领导类、斗争类、攻击类和机会类四种类型。在城市容纳西式快餐的增量较高，且取得市场领导力的难度适中的城市，将是麦当劳中国的战略着力点。

在这些三线至五线城市里，居民是非常重视节假日的，而且晚餐往往是用餐高峰，这与一线城市是完全不一样的。所以，在餐厅的设计上，应该让麦当劳变成让消费者更为熟悉的温馨环境，尤其是在节假日高峰的时候，要能够提供足够多的餐位。如果餐厅规模较小的话，可能根本就不能适配当地居民的生活状态。

在开出更多的店面之后，麦当劳面临的问题是如何提高单店的收入。麦当劳采取的策略是增加营业的时间，增加供消费者选择的食品品类，包括咖啡、冰淇淋等。张家茵说，“因为每家店的投入那么大，租金这么贵，位置这么重要，我们认为路过餐厅的顾客捕获率要保证在合理的水平上。”

麦当劳中国的地产团队现在有近500人的规模，其中规划团队的任务是预估所选店面的人流量和营业规模，而谈判团队的任务则是拿下理想的店面。支持这些团队开展工作并做出决策的是麦当劳建立的内部数据系统，通过这个系统，不仅可以实时管理目前所有店面，还可以帮助团队获得目标店面周边的开店信息和数据。

数字化提升顾客体验，做“隐形的天使”

麦当劳中国的公司改名为“金拱门”之后，麦当劳的亲和力更强了。之前，在中国消费者的心目中，麦当劳是一个100%的美国品

牌，但现在是“国家队”品牌了。

在决策机构的结构和流程上也反映出来。“现在，董事会大部分都是中国人，他们非常理解中国市场，现在董事会讨论问题的效率和成果极大地提高了，而且有的董事可以在数据化方面提供建议，有的董事则可以在地产发展方面提供咨询。这不仅让战略的制定和实施更具本地化特色，也让麦当劳中国的品牌更具亲和力。”张家茵说。

当然，比品牌认知的改变更为实质的变化是顾客体验。在张家茵看来，“新零售”在本质上是要让整个企业通过数据化达到跟顾客“一对一”进行沟通的目的。数据化之后最大的好处是为麦当劳“以客为先”的创新有了大数据支持。

麦当劳引以为傲的传统服务模式是这样的：步行的便利。顾客走路五到十分钟就能来到麦当劳店；210秒的快速标准。任何一名餐厅服务员都知道从顾客点餐到取餐的时间要在210秒内完成；友善的态度。张家茵说，“麦当劳有一个标准的芭蕾五步曲，就是首先举手欢迎光临麦当劳，请问你要点什么，人家点了以后，就问要不要加一点餐，接着询问是否要拿走，还是堂食，最后，要说请到这边取一下，喜欢你再来”；准确的点餐。要准确地按照顾客要求准备餐饮；一致的口味、高标准的品质。

但麦当劳发觉，在占到三分之一的90后和00后消费者群体中，这些服务模式有很多痛点：

首先，“我懒了，不想动”，五分钟十分钟不想走；

其次，“排队点餐给我的压力太大了，我点餐的速度慢了，后面排队的人就会不耐烦”；

再次，“你们服务员太啰嗦了……我累的不想回答”；

最后，“我要点的可乐不要加冰，我要的汉堡不加酸黄瓜”。

张家茵说，“中国有30%的顾客会要求可乐不要加冰，这在全球是没有的，中国是最大的一个可乐不加冰的市场。”

事实上，顾客是希望麦当劳的餐厅服务员变成“隐形的天使”。用张家茵的话说，“我要你出现就出现，不要你出现的时候就走开！我知道我要干什么，不要给我讲这么多废话！”

有了这个“隐形天使”的洞察之后，麦当劳中国重新定义了顾客体验，即“随时、随地、随心”，我要你在哪里出现，你再出现，其他时候你是隐形的；我要什么我自己知道，用我自己喜欢的方式做选择。

为了达成这样的顾客体验，麦当劳提出了“未来餐厅2.0”的概念，包括自助触屏点餐、送餐到桌、麦当劳APP、星厨系列产品、电子餐牌、双点式柜台和移动支付。

麦当劳希望通过更友好的互动设计触动顾客的情感。例如，当一个小孩子，进入点餐模式时，整个屏幕会“跪”下来，让他容易操作，让他自己觉得自己是一个BOSS。

再例如“送餐到桌”。麦当劳观察到，小朋友是愿意来麦当劳就餐的，但对父母来讲，他们觉得不太方便，因为餐厅需要排队，孩子走来走去，难找到位子等。送餐到桌服务，就是希望父母来到麦当劳，可以把时间交给麦当劳的服务员去帮助父母等餐和送餐，时间留给父母跟小朋友做情感交流。

食品创新，打造“中国风味”

麦当劳中国一直在推动口味本地化。张家

茵说，“其实口味是非常区域性的，在麦当劳，全球化最好的食品是牛肉汉堡，但在中国市场，鸡肉汉堡肯定是最重要的，这个是不需要解释的。另外就是说，为什么中国人的早餐要吃粥呢？为什么要喝豆浆呢？很多事情是老美没办法理解的。”

为更适合本地口味，麦当劳早餐推出了一个“粥王系列”。到现在为止，麦当劳早餐卖的最好的还是麦满分，这是非常经典的麦当劳早餐，但总是有很多人要吃一点稀的东西。张家茵认为，“粥是非常重要的产品，它不是一个品牌差异点，而是品牌渗透点。没有这个产品，顾客就都不来了”。

2017年，麦当劳用《中国有嘻哈》的综艺节目推出了“小食系列”。因为麦当劳发现，在三线至五线城市，居民在吃正餐的时候会来麦当劳，他们要找到其他中餐厅找不到的东西，小食系列就有这样的吸引作用。

当然，创新还不只聚焦在食品上，吃饭这个事情在中国人看来是非常大的事情，民以食为天，因为人们聚在一起不单单因为吃，而是一种交流、一种娱乐，基本上没有什么事情是不可以通过吃一顿饭，喝一杯东西来解决的。

为此，麦当劳把“吃”定义为“娱乐”，定义为“社交”。希望通过食品给大家带来更大的乐趣。麦当劳开发了与汉堡进行线下AR互动的游戏，通过微信礼品卡“麦有礼”给消费者创造社交乐趣。在张家茵看来，“如果一个食品是不能被拍照的，它也不是一个好产品”。

当然，食品创新也有痛点。麦当劳中国要服务的是2800家餐厅，要让这些餐厅用的材料、做法完全一样，食品安全完全一样，价格也近似非常困难。“我们有关食品创新的想法很多，但做出质量是关键。”张家茵说。

文化变革，被激发的中国团队

在新的时代里，从管理角度来讲最大的挑战是企业文化的变革。

“麦当劳的规模比较大，有很多老员工，当然也有很多新鲜血液加入进来，麦当劳该用什么样的方式来领导整个企业，赋能敏捷和创新的领导力呢？”这是张家茵的一个设问。

首先，要通过集体的持续学习，发现新科技带来的用户体验增值的可能性。张家茵说，“如果大家没有一个共同语言，是沟通不了的，大家学习数据化进程也好，学新的产品科技也好，就是希望领导层可以碰撞更多，更快地达成共识，把大家各自可以发挥的力量发挥出来。”

其次，“以客为先”，拥有同理心的设计思维。管理层的思维惯性是，“这个事情我做不做得出来”，而不是先想“顾客的需求是什么”。张家茵说，“要改掉企业的这个通病”。

再次，“共赢为先”，无边界的跨部门团队合作。在数字化产品的开拓方面，敏捷的领导力非常重要，麦当劳希望团队通过跨界合作不断迭代，让更多的年轻人承担责任。

最后，“敢为人先”，追求卓越的冠军精神。张家茵解释说，“我们一定要让团队觉得我们不是要做得OK，我们要做‘好中的最好’，不允许中庸之道，把标准拉高，让员工不满足”。

责任编辑/楼燕红

优衣库管理笔记

□柳井正/文

团队并非仅仅是一群人的集合，而是领导者和成员、成员和成员紧密联系在一起，大家朝着共同目标奋斗的一种状态。

所以，无论多少个人集合在一起，如果缺乏团队的状态，都将一事无成。

而领导者必须是能够带领团队走向成功的人。这一点非常重要，领导绝不能只让自己获得成功。

领导者的一言一行如果只是为了一己之利，那么很快就会被大家看穿。于是谁也不会再去认真贯彻你的要求了。

自私的领导者无法创建成功的团队。那么，创建团队的必要条件是什么呢？

01

三条生命线：信赖、言行一致、始终如一

思考：为什么“尽管有的人很优秀，但是团队成员却不愿意追随他”？

1.信赖才是一切

身为领导者的你，如果得不到团队成员的信赖，即便你有再出色的思路、再辉煌的经历，团队成员都不会从心里接受你，都不会产生追随你一起奋斗的意愿。即使被你表扬了，对方也不会太高兴，只会觉得“不过是想哄我高兴罢了”。

2.言行一致与始终如一

在很多团队中经常发生这样的事：“尽管他很优秀，但是我却不愿意追随他。”

虽说有能力是很重要的条件之一，但因为领导艺术是产生于人与人之间的，所以源自人性更根本的东西才更为重要。

承诺了，就要遵守。一个言行不一的人，是根本不可能令人信任的。

我想提醒你问问自己：“对于你自己说过的话、承诺的事，或者对于你正在说的话，你是否是那个最忠实的践行者？”

团队成员并不是一群领导说什么就信什么的人，他们会听其言，然后察其行，最后再决定对方是否值得自己信任。

有些人仅凭自己的一时之念或是对方的身份就改变自己的态度和承诺，因得失而轻易改变自己的想法和为人原则，自己的想法经常发生动摇，却还用“那时候我是这么想的，但是现在……”来为自己辩解。

这样做事和做人的人，最终必将失去他人的信任。

如果构筑不起信任关系，就无法建设团队。因此，对于领导者而言，最关键的就是要构筑信任关系。请大家不要忘记，团队成员对你的认识，就是从你日常的一言一行中品味出来的。

全心全意、全身心面对部下

思考：在直接与每一个部下相处时，做到什么程度才算好呢?

这是人们经常会问的问题。

答案很简单，那就是百分之百。人只有在别人百分之百尽全力对待他时，才会改变。不要幻想只通过浮于表面的交往就能改变一个人，这在人际关系上是不可能发生的事。

那么，所谓全身心对待部下，具体地说是要如何做呢?

1.站在部下的立场上认真倾听

最重要的就是，要真正为对方着想。每个人对事物的看法、想法、感受、立场、经历以及性格和感情等都是不一样的，如果我们不能顺应对方的情况来倾听，是不可能收到好效果的。所以，领导者要站在部下的立场上认真倾听。

如果你不能以这样的态度去与对方交流，就

不可能被对方接纳，对方会认为“即使说了，他也不会理解”，并往往因此而不说出他们的真实想法。

2.用心理解并接受部下

在认真倾听部下的心声之后，还要用心理解并接受部下。但是，这并不等同于部下说什么是什么。所谓用心理解并接受，是指针对部下所说的话，运用自己所有的经验、知识和能力进行分析，考虑应该如何给他提出最好的意见和建议。

有一百个人就有一百个正确答案。我们必须认真考虑这一百个答案。其实，部下是很敏感的。他完全能看穿你是真为他着想还是仅仅出于上司的立场才这么做的。

上司的自我满足其实对于经营并没有任何帮助，重要的是如何去感动部下并使部下发生改变，这才是上司应尽的责任。

但是，人不是那么容易就能被感动的。要想让部下接受自己，就必须让他觉得你是能够理解他的境遇和情感的人。

为了做到这一步，在实际工作中你必须站在对方的立场上，努力去理解对方的思维方式和情感模式。除此之外没有别的办法。

这不是只花30%或40%的精力就可以做到的事。不花费100%的精力绝无可能做到。

3.领导者必须时而做“魔鬼”，时而做“菩萨”

如果真为对方着想，身为领导在实际工作中就必须时而做“魔鬼”，时而做“菩萨”。领导的工作就是要让部下的未来一片光明。

因此，如果真为部下的未来考虑，就必须如魔鬼般对其进行严格的指导，直至其能够胜任某项工作。而且，还必须做一个为部下设立一个又一个目标，向部下提出越来越高要求的“魔鬼”。

另外，如果你只是“魔鬼”，部下不会追随你，也得不到成长。所以，当你认为部下做得不错，或者比以前有进步时，你就要做“菩萨”，好好地表扬他并对他的工作予以认可，这同样非常重要。

作为“菩萨”，仅仅表扬部下，对部下的工作予以认可是不够的，还应关心部下的健康状况和家庭情况，这种关心也是“菩萨”应有的一个侧面。

共享目标，责任到人

思考：通用电气公司的前CEO杰克·韦尔奇为何说出这样一句话：“一天当中，我会一遍又一遍地强调公司的目标，有时说得连我自己都烦了。”

1.只有反复传达目标，才能共享目标

工作都是由团队合作完成的。只有团队成员齐心合力才能取得成果。因此，对于一个团队而言，首先要做的就是目标共享，即让所有成员都清楚自己的团队到底是以什么样的成果为目标的。

有些人对目标共享存有误解，他们只是在年度的开始或是事业刚刚起步时把目标传达下去，然后就把它往墙上一贴，再也不去理会。还有些人只是机械性地把目标读一遍，并没有把它变成自己的语言，没能真正理解。

没有哪个人仅仅听一次就能真正理解。因此，要想做到目标共享，就需要不厌其烦地一遍又一遍地向成员传达，直到所有成员都能够理解团队的共同目标。当团队成员能够用自己的语言对其他人充满热情地描述这个目标，或者大家自发地为实现目标而开始行动的时候，我们才可以说："大家已经真正理解了目标"。

只有做到这种程度，才算实现了目标共享。要做到这一点，只能依靠领导者的反复传达，没有其他捷径。

2.责任必须明确到个人

团队作战的基础就是每个成员都要担负起各自的责任。责任意识的形成最重要的是要明确"这个工作是谁的责任"。明确责任也就是所谓的"一人一责"。

人都是这样，如果是几个、几十个人一起做，那么谁都不会觉得这是自己的责任。全体责任、团队责任，听起来挺好听，但后果却是没有人会带着强烈的责任感去工作。

可以说，没有责任就不会有成果。

那么，如何才能让成员们带着责任意识去工作呢？

方法就是，让他自己思考让他自己动手，这一点非常重要。

这个世界上，没有人会高高兴兴地去做别人的工作。做真正属于自己的工作，这是人们积极主动工作的原动力。

原动力有了，人自然就会努力，并产生以高标准去完成的决心。

交托工作并予以评价

思考：如果作为领导者，你的方案只是稍微比下属好一点，你会怎么选择执行方案呢？

1.好的公司和不好的公司区别在哪

一个好的公司，是所有员工都把工作当成自己的事来做的公司。不好的公司，是所有员工都把工作当成别人的事来做的公司。

为了成为好的公司，领导者必须让团队成员自己思考工作。而且，工作中还要尽可能地听取成员的意见。

如果成员的想法从根本上就是错的，那当然不能采纳。这时候必须清楚地告诉他那是错的。但是如果成员的想法并没有错。如果领导者的方案只是稍微好一点的话，那还是应该让成员按自己的方案去做。

如果领导者总是抱着"这个事就得这么做"，或者"我的方案比你的好"这样的思想，一味地要求成员全部按照你的想法去做事的话，成员的工作热情就会降低。

2.为何说领导者要有睁一只眼闭一只眼的勇气

"工作成果=能力×干劲"。无论你的能力有多高，创意有多妙，如果执行的人没有干劲，也不会获得好的工作成绩。

一旦把工作交托给了成员，就要有睁一只眼闭一只眼的勇气。既然对部下说了"请按照你自己的想法和做法在某月某日之前完成这项工作”，那么领导者就必须忍耐，必须放手让成员做到最后。

3.领导者要“放手，又不能完全放手”

当然，正如松下幸之助先生所说的一样：“放手，又不能完全放手。”也就是说，不能放手了就不管了，而是要时刻关注着，必要时还要听取成员的汇报。如果发现成员的做法偏离了我们的根本目标或标准，就要以提建议或指导的方式对他进行修正。

干涉过多的话，越是优秀的成员越会离你而去。“放手”固然很重要，但是“放手的方式”也同样重要。

在放手之前，领导者必须与成员进行反复沟通，让成员清楚自己希望成员达成什么目标、执行什么标准。领导者必须牢记这一点。如果成员对领导者要求的目标和标准尚不清楚，就要不断沟通，直至双方达成共识。否则切不可放手让成员去做。

最后，领导者在放手让成员去做之后，还必须对成员的工作进行评价，这样才算给自己的“放手”画上了一个句号。

自己交托的工作，成员完成得好还是不好，对此领导者必须认真进行评判，并在日常交流时或寻找合适的时机将自己的评判结果告知成员，这一点非常重要。

如果放手让成员去做，却不认真给予评价的话，成员的工作水准就不可能有提高。

提出期望，发挥部下长处

思考：你是否将“你一定行”“我相信你”这样的信息传达给属下?

人对于自己是否被别人期待是能够感知的。团队成员能够从领导的眼神、态度，以及日常的接触方式和频率上解读领导对自己的期待。也就是说，成员其实非常了解领导者到底是怎么想的。

如果领导以“这个成员的能力也就到这个程度了”之类的想法来看待成员的话，那么，他手下的成员是不会有工作热情去努力工作的。

因此，越是要求成员获得出色的成果，就越是要对成员寄予更高的期待。人一旦感觉到别人对自己的期待，便会产生绝不辜负对方期待的心理。而期待的表达重要的不是技巧，而是诚意。

哪怎样才能发自心底地对成员寄予期待呢?

不认真观察成员的人，是永远无法对成员寄予期待的。能够对成员寄予期待的人，一定是认真观察成员的人。这里所说的认真观察是指将成员的情况全都认真看在眼里。认真观察他有哪些优点，认真观察他有哪些缺点。

人不会因为被别人指出了缺点而去改正，但是，一旦意识到这样做有益于自己的话，他就会主动想办法去克服自己的缺点。

优点和缺点往往是同一事物的正反两个方面。你认为是优点的地方有时会变成缺点，你认为是缺点的地方有时会变成优点。

德鲁克说过：“所有人都是通过自己的强项，而非弱项来获得报酬的。”大家应该也是这样的吧。你现在的职位和责任是通过自己的缺点来获得的吗？我看一定不是这样。

日本有句俗语叫作“矫角杀牛”，比喻总是记挂着缺点，一心想矫正缺点，结果却如磨瑕毁瑜，毁了全局。

即便单独的一个人不是十全十美的，但是因为成员间能够互补，所以团队的优势也就体现出来了。

缺点大家能够互补，各自的优势则要最大限度地发挥。这才是理想的团队。做到了这一步，即使是平凡的人也能够获得非凡的成果。

积极肯定多样性

思考：你的成员当中，如果有人无精打采或是面露愁容，那多半是什么原因呢?

无论是带领100个日本人的团队，还是带领由美国人、法国人、中国人和日本人共同组成的团队，多样性的经营管理都会存在。根本原因就在于“人各不相同”。大家一定要将这一点好好植入脑海中。

领导者要收集、倾听并接受各种人的各种做法和智慧。在此基础之上，选择真正优秀的方法去工作。兼容并蓄是一个领导者必须具备的素质。

虽然我们肯定具有多样性，但是请理解这句话是建立在公司和成员之间具有对等、健全的关系之上的。方法和智慧可以多种多样。但是，公司本质的、不容让步的东西不可以动摇。

同时也要注意尊重所在国家及地区的习惯和法律，这是全球化经营所必需的。但是，不可在简单地看一下之后就随随便便做出判断。

比如在巴黎，我们经常看到，在一些大型休闲服饰店，前面顾客挑过的商品没人去整理，杂乱地堆在那里，而后来的顾客就在这种环境中选购商品。

可是，在这样的环境中购物，巴黎人真的无所谓吗？其实不然。他们也希望无论什么时候走进店里，购物环境都是整洁有序的。

那么，优衣库就要坚持在店铺贯彻清洁度和商品整理等方面的原则，创造一个任何人都愿意欣然接受的状态。

所以，结论就是：在任何时候，都不要照本宣科地沿用以往的模式判断事物。正确的做法是遵循现场、现物、现实的原则，结合当时的具体情况来思考“做什么、怎么做对顾客来说才是最好的？”并通过这样的自问自答找到答案。

这是领导者所必须具备的基本的思考方法，不管是对全球化还是其他方面，都同样适用。

关于多样性管理，最后我还要补充一点：

人不仅仅只有工作。成员当中，如果有人无精打采或是面露愁容，那多半是家庭或是健康方面出了什么问题。这种时候，作为领导者应该在问明原委之后，设身处地地为成员着想并给予恰当的关怀。如果是生了病，就给他介绍一个医生，或者向他建议这个时候该怎么做会比较好。在了解情况之后，还可以考虑在那段时间对他给予一定的照顾。

领导者这样做，会使成员感觉到自己所在的公司是个好公司，自己的领导是一个好领导，并因此而产生要更加努力工作的意愿。

不懂得体察别人心情的人是做不好经营的。

抱持最强烈的取胜欲望，坚持自我变革

团队作战的前提条件是全体成员都要抱持强烈的取胜欲望。团队合作不同于朋友关系，并不是成员之间彼此关系好就行了。

为了让成员都抱持取胜的欲望，首先领导者自己的取胜欲望必须比任何人都更强烈。

无论是沃尔玛，还是谷歌、三星，所有获得生存的公司都是抱着比谁都更想赢、更想发展的欲望，且制定高远的目标，并能够迅速行动的公司。

同时，如果真有想取胜、想发展的强烈意愿，自然而然就会发现自己哪些地方做得不够，哪些地方做得不好。这种自我认识又会引导我们去学习、去改善并去尝试新的事物。

领导者在具有比任何人都更强烈的取胜欲望之后，接下来要做的就是鼓舞成员接受挑战。但是，要创建真正有着必胜信念的理想团队，在鼓舞成员之前，领导者自己身先士卒迎接挑战是很重要的。

要让成员感觉到：不管外面的社会是什么观念，在自己的公司里，越有追求就越能获得工作和生存的价值。让每位成员体会并意识到这一点，既是领导者的工作，也是领导者的责任。

当成员体会到这一点之后，在工作中就会愿意迎接挑战了。

那么，为了能够身先士卒不断挑战，领导者自身应该怎么做呢？我认为有以下三点很重要。

第一点是要对自己寄予期望。

第二点是自我完善。

第三点是自我管理。

（上接113页）

中国汽车零部件企业也必须尊重以上规律，制约中国汽车工业发展的一个重要因素就是零部件企业竞争力不足，我希望中国汽车零部件产业链尽快提高竞争力，尽快形成同步研发能力、协同创新能力，帮助支持中国整车工业更好地快速发展。

中华民族伟大复兴需要全体中华儿女的共同努力，需要依法合规、公平透明建设社会主义市场经济秩序，就像国歌的歌词内容一样，我们万众一心，冒着敌人的炮火前进……

中国乘用车市场60%以上的产品是外国品牌，而且是高附加值产品，40%以下是中国自己的品牌产品，而且是低附加值产品，同时政府还承诺，5年后全部放开汽车行业股比限制，就是这样，有些人还说中国汽车市场不够开放。

2017年中国品牌乘用车在全球市场销量1057万辆，在全球市场占有率只有13%。出口量才61万辆，而且大部分是向不发达国家出口，基本上没有什么利润。进口汽车122万辆，以中高端车型为主，基本上都是高附加值汽车产品。

大家想一想，我们汽车行业的真正的竞争对手到底是谁呢？

最后，我想重点说明一下，我不是狭隘的民族主义者，我是开放的全球主义者，我支持全球自由贸易，反对贸易保护主义。我支持中国汽车工业更加开放，鼓励中国汽车更好地走向世界，实现真正的你中有我、我中有你，推动世界各国经济合作多赢，给全球用户带来实惠，充分体现人类命运共同体理念。

责任编辑/沈丽萍

从蚕丝、茶叶、卫生防疫，看近代外贸与质量安全

□赵文斌/文

对外贸易是中国与世界的交接点，首当其冲地受到英美法等国对食品质量安全越来越严格的监管压力，于是率先与世界接轨，开始实施出口商品检验，探索建立相关监管制度。相比之下，中国国内市场质量安全管理体系的建立要迟很多。

近代上海开埠之后，因得天独厚的地理优势，这座江南小城很快成为中国对外贸易中心。一国之外贸不仅是货物商贾往来，背后还有科技、制度、管理等综合实力的支撑，还有人民生命健康和国家安全的考量。回顾中国近代对外贸易历史，须放在当时世界整体发展格局中和对中国长远影响中去思考。

生丝贸易与技术的沉浮

距今5000年前，黄河流域和长江流域都已有蚕丝业生产，《淮南子》记载："禹会诸侯于涂山，执玉帛者万国。"中国生丝流传世界上千年，汉代开始对外贸易，开辟"丝绸之路"，之后持续繁荣。19世纪上半叶，英国成为中国最大的对外贸易伙伴，1800年，中国生丝和土布输英1333担（1担=100斤），1833年达7923担，增长了近7倍。1843年，上海开埠。次年，中国生丝开始经由上海出口。1845年，上海出口生丝5146担，到1853年增加到46655担，超过了广州3662担出口量11倍多。上海取代广州，成为全国对外贸易中心。《南浔丝市行》一诗绘声绘色地描写了19世纪中叶湖州南浔丝市繁华的情景："蚕事乍毕丝事起，乡农卖丝争赴市，市中人塞不得行，千声万语聋人耳。"当时白丝为最优质生丝，南浔所产辑里丝又是最好的白丝。依靠蚕丝大量出口，中国长期保持对外贸易顺差。

决定生丝质量有两个重要的环节：一是养蚕；二是缫丝，即从蚕茧抽出蚕丝。生丝作为中国千年优势产业，在经历了19世纪下半叶的辉煌后，20世纪初前后并没能借助工业革命和对外贸易的发展机遇实现新的突破，其中原因纷繁复杂，而养蚕和缫丝没能紧跟技术发展的浪潮，出现了明显短板是关键之一。

19世纪50年代，欧洲的一次重大瘟疫给中国生丝提供了机遇。法国也是一个以丝织闻名的国家，长期以来丝织业所用原料主要取自本

国生产的生丝。1854年，家蚕胞子虫病摧毁法国和意大利养蚕业，法国每年因蚕病损失达1亿法郎。进入60年代以后，中国生丝不仅在质量上超过法国，而且在成本上大大低于法国，法国丝织业所用生丝主要依赖中国输入。1870～1874年，中国生丝出口量平均为3784吨，自1887年开始，蚕丝取代茶叶成为中国最主要的出口商品，到1898年蚕丝的出口值约为茶叶的2倍。尽管法国生丝产业发展停滞了，但科技一直向前发展。1865年7月，法国著名微生物学家、爱国化学家路易·巴斯德用显微镜观察和研究蚕病，很快发现一种传染病，并告诉人们通过淘汰病蛾遏止病害蔓延的方法。但1890年清政府总理各国事务衙门拒绝采用巴斯德检验蚕种制度，海关总税务司赫德对此深感痛惜，他在一封信上写道："难道这些中国人不奇怪吗？我确信他们在说：'接受建议，改善茶叶和蚕丝的生产固然是一件大好事，但是，听之任之，也许可以因此而摆脱那些为了茶丝而来到这里的外国人，难道这样不是一件更好的事吗！'"而相反，自19世纪末起，日本法律就禁止个人农户自制蚕种，规定只有持有政府执照的农户所产的蚕种才能用于育蚕，有效地控制了蚕瘟。到20世纪初，中国蚕的疫情已经很严重，20年代中国市场上的蚕种75%～95%有病，日本和法国1盎司蚕种能收获110～133磅蚕茧，而中国1盎司只能收15～25磅。

在缫丝方面，中国同样输给日本。日本发展蚕丝业时间远远落后中国，从19世纪70年代才开始加入世界产丝国家行列，1870年日本生丝出口不过6800担，只相当中国出口生丝的七分之一。明治维新后，日本政府以增加产量、降低成本、提高质量为目标，制定了一系列技术法规和劝业奖励政策，鼓励引入、推广西方先进技术，日本蚕丝很快以质优价廉打开世界市场，增长速度大大超过中国。70年代上半期至90年代上半期20年中，日本生丝年产量激增335%。工业革命带来了机器化生产和世界贸易格局的变化，19世纪下半叶世界生丝贸易中心位于法国里昂，进入20世纪，美国纽约发展成为新的世界生丝贸易中心，并逐步超过法国，1916年美国进口生丝已占国际生丝贸易额的60%。与法国使用手织机织造丝绸不同的是，美国丝绸织造业选择使用动力织机，因此需要标准化的原料。日本人敏感地观察到这一变化，很快实现生丝标准化。中国地缘广阔，蚕种多样，加上家庭小作坊生产、分散经营，各地所产生丝质量和规格千差万别。尽管法国买主仍旧喜欢最优等的中国生丝，但美国人更加乐于购买质量符合标准而信得过的日本生丝。20世纪20年代中国经济最敏锐的观察家之一雷麦指出："华丝在质量上既有极佳的，也有极劣的，这似乎已经持续了一个长远的时期。日本的生丝质地更为均称，但据说最佳的华丝胜过最佳的日丝。"

决定能走多远的常常是短板的长度，蚕的传染病和生丝标准化成为近代中国生丝明显的短板，最终造成19世纪末以降，中国生丝出口虽然仍维持数量增长的趋势，但是在国际生丝市场的地位已走下坡路，在中国总出口贸易额中所占的相对份额逐渐减少，从19世纪末的40%以上减少到1930年的约16%。1903年，日本便以75650担第一次超过中国。1916美国进口的233000担生丝中，中国生丝为48000担，占五分之一以上。到了20世纪20年代，日本生丝占美国生丝进口的90%，中国只占10%。丝织之外，1876年左宗棠创建的第一家近代毛纺织企业兰州机器织呢局，李鸿章创建的第一家近代棉纺织企业上海机器织布局，也先后毁于一旦，原因即在于技术不够全面和短板明显。

18世纪英国从棉纺织业发端，在全世界率先实现工业革命，成为世界棉纺织工业头等强国，进而成为日不落帝国。19世纪下半叶，英国棉纺织品占据全世界一半以上，英国出口到中国的商品种类随之发生改变。清同治二年（1863年），上海进口鸦片高达3.82万余箱，占全国进口量的68%。光绪二十年（1894年），上海进口值中纺织品占43.7%，鸦片占19.8%，已经退出主要地位。相比之下，中国丝织业不仅没能带动整个民族产业的进步和变革，而且在19世纪末左右走上下坡路，其中原因纷繁复杂。肇始于19世纪60年代的洋务运动，引进西方铸铁、炼钢和轮船、火车、机器、枪炮建造等先进科学技术，而纺织又成为轻工业首选发展产业，内忧外患、国力衰弱终究使得近代中国没有发生像样、有力的工业革命，生丝自然成为那个时代产业的缩影。

但是中华民族历来不甘落后、善于学习，据此情形，开始建立培训学校。1897年，杭州知府林迪臣建立中国第一所蚕业学校——蚕学馆，1909年改组更名为浙江省立蚕桑学校。1904年，蚕学馆第一批学员史量才创办私立上海女子蚕业学堂，1911年学堂改为公立，迁址苏州，更名为江苏省立女子蚕业学堂。1918年金陵大学成立蚕桑系。这些学校不仅为中国培养了第一批蚕桑专业人才，并积极改良和发放蚕种，成为江浙良种的主要提供方，真正走的是产学研相结合的道路。20年代杭州、镇江等地建立蚕种试验站，民国浙江和江苏省政府建立了蚕业改良场，一批私人制种场也相继成立，积极推进以“改良”蚕种代替“土”种。在嘉兴，1928年使用“改良”蚕种的比例只有5%，7年后上升到50%。

在缫丝机械化方面，19世纪60年代上海和广州就尝试建立蒸汽缫丝厂，但因遭遇到传统利益者的反对而失败。但历史潮流浩浩荡荡，1881年广东已有10家缫丝厂2400部缫丝车，1926年，有缫丝厂202家、缫丝车95215部。1901年上海共有23～28家缫丝厂，7800～7900部缫丝车，此时中国蚕丝出口中厂丝比例已经超过手工土丝。到1928年，上海缫丝厂达到104家，缫丝车增至23911部。我国生丝出口没有统一质量检验标准，全凭肉眼分辨色泽、匀度、条份以确定丝质和价格。1917年7月，为提高华丝质量、防止日丝垄断美国市场，美国检丝公会会长陶迪来沪商讨组成万国生丝检验所。1922年，检验所按纽约所的检验方法承接业务，出具质量证书，但后因遭洋行反对而关闭。1928年国民政府收买万国生丝检验所设备，颁布《商品检验法》，成立生丝检验处。这些技术发展和储备为我国生丝再次腾飞提供了坚实的基础，1929年中国生丝出口190千担，达到近代重量最高点，比1927年增长了18.75%，高于同期日本的10.15%增长率。

令人惋惜的是，20世纪30年代，国际国内的形势没能再给中国外贸发展提供和平机会，出口下滑，生丝也不例外，此时日本生丝不仅独霸美国市场，而且囊括了世界生丝市场的四分之三。

茶叶检验制度与机构的设立

生丝之外，茶叶是另一件中国近代对外出口的重要商品。而茶叶外贸衰弱时间更早于生丝、力度更大于生丝，如果说生丝外贸式微在于技术，那么茶叶外贸受阻的一个重要因素是掺假作伪。

茶为国饮，历史悠久。17世纪，随着饮茶

风俗在欧洲普及，中国茶叶大量出口，至19世纪初，中国独霸世界茶叶市场达200年之久。1830～1833年，华茶输出价值占中国出口货物总值93.9%，其中1832年，中国出口茶叶达400320担。中国对英国贸易每年顺差二三百万两以上，为弥补贸易逆差，东印度公司曾试图向中国销售多种商品，但大多滞销，收效甚微。之后英国向中国走私鸦片，致使中国白银大量流出，1830～1839年每年平均流出约五六百万两，由此诱发第一次鸦片战争。

第一次鸦片战争不仅没有改变中国对英国贸易顺差的格局，而且华茶出口增长更加迅猛，《民国建阳县志》载："清季自五口通商，民竞业茶。"在外贸需求刺激下，茶叶出口量扶摇直上，从1846年的46746千磅递增到1856年的63278千磅，中国茶业迎来了历史上的繁盛时期。而这个期间，英国出口到中国的商品90%以上是棉织品和毛织品，棉纱由1845年的260万磅上升到1855年的290万磅，增加不过10%；棉布由310万匹下降到200万匹，减少30%以上。上海进口货值不升反降，1854年尚低于1845年。即使依靠鸦片盈利，也不足以弥补英国对华贸易逆差。可以说，英国赢得了战争，输掉了贸易。中国当时第二大贸易伙伴国美国情况与英国相似，对华贸易保持较大逆差。第二次鸦片战争后，华茶输出数量继续增长，1870年为138万担，1880年增加到210万担，1886年更达222万担，创下近代茶叶出口数量的最高纪录。

然而1886年以后，华茶因严重的质量问题出口急转直下，到1900年，华茶出口占国际茶叶出口量的30%，位列印度之后。一方面，长久以来中国茶业以小农经营模式为主，"皆零星散处，此处一二株茶树，彼处三两株茶树"现象比比皆是，质量全凭茶农控制；另一方面，茶叶掺假作伪现象越来越严重。尽管生丝也存在作伪现象，1873年5月《申报》报道，"牌不对货，货不对价"，短斤少两，暗中加水增重，且丝货多不匀净，粗细交杂，但相比较而言，茶叶掺假作伪更为严重、更为普遍。1847年，英国就发现进口的"谎言茶"达10万磅。英国下议院特别委员会一份报告指出，自从1856年以来，一些劣质茶叶从中国进口。张之洞为此斥之："侥幸蒙混，制造粗率，烟熏水湿，气味不佳，兼以劣茶搀杂。"英国反掺假运动的领袖人物阿瑟·哈塞尔医生经过检测发现，在英国市场上至少有12种不同类型的"谎言茶"。掺假作伪形成了一套"技术"，主要有增重、染色、添味和以旧充新等方式，甚至参杂了带有毒性的黑刺李叶子。"若造加色茶与发行茶，其造法不同。所采之叶多，则晒于禾场，随晒随用，以足蹂之。晒至干处，后发之茶行，茶司加以药料颜色，造作各种色茶。若造红茶，则渗入紫粉少许。"可见，中国茶叶当年确实存在质量问题和掺假现象，而且尖锐复杂，不能以西方对华茶压榨一言蔽之。

正是在这个时期，欧洲对食品掺假作伪已经高度重视，现代食品立法和监管体系正从萌芽向成熟快速发展。1860年7月，英国议会通过温和的《地方政府打击食品和饮料掺假议会法》，这是近代以来英国"第一部试图管理所有食品的单一立法"。1872年，英国通过《禁止食品、饮料与药品掺假法》。次年，英国海关在进口华茶中查获1000万磅伪茶，此事经过商部大臣查实后，"立即奏明英国皇家出谕，严行禁止，先将此等伪茶全行烧毁，然后派员密查英京及英属各口岸，凡有商人办到中国茶叶至口，必定逐细查明。如有伪茶搀杂其中者，不准起岸。"随后苏格兰地方政府事务委员会经过调查做出一份报告，认为茶叶掺假作伪主要在中国完成，建议"为了更好地检测茶叶中的掺假物，茶叶的检查与检验应该由登陆港口处的海关进行，所有被发现掺假作伪的茶叶禁止进入国内市场”。这个建议最终被1875年英国议会颁布的《食品与药品法》所采纳。《食品与药品法》被认为是当时英国及其他国家中最好的一部食品法，是现代英国食品安全立法的先驱，是现代食品立法的基础。该法令第30条对进口茶叶检验和茶叶货物处理做出规定：“所有进口的茶叶，在抵达大不列颠和爱尔兰的港口后，要接受由海关专员任命的检查员的检验，并要得到财政部的批准，当检查员认为必要时，可以将茶叶样品以适宜的速度提交给公共分析师进行分析。”即，英国进口茶叶在口岸和市场接收双重检验，即使伪茶千方百计逃过英国海关署的检查，在国内一样会受到稽查和检验。为此，1875年《食品与销售法》实施之后，英国国内市场上茶叶质量明显改善，掺假作伪现象基本消失。美国对食品掺假问题也越来越重视，1897年通过《茶叶进口法》，要求海关检查所有进口茶叶。1915年，民国农商部在赴美考察报告中写道：美国不准着色茶进口，各海关处均备有验色器具，一经验出，均在禁止之列。

而印度不断地从中国引进茶种，学习中国茶叶种植和加工技术。英国专门派人潜入中国收集茶籽、调查种茶方法，加紧在印度植茶。1874年以前，印度茶叶输英平均每年仅为100到200万磅，但是1875年后以每年300万～400万磅的速度增长。在中英茶叶贸易量下降的同时，印度输往英国的茶叶快速增长。1856年起，日本茶开始少量输入美国，因无杂物而品质纯洁，大为购者所欢迎，输出量不断增长。1889年，在英国市场上，印度茶叶首次超过华茶，中国失去主要丝茶输出国的地位；在美国绿茶市场，华茶则受到日本茶排挤。时人指出：“今则红茶植于印度，而中国红茶之利半为所夺矣。绿茶植于日本，而中国绿茶之利又半为所夺矣。”华茶质量衰退直接导致当时中国出口锐减，1895年中国进出口总值达3.1亿余海关两（1海关两合1.558银元），而此时中国已经成为外贸逆差国，逆差达2840万海关两。1900年，印度茶叶在英国市场占有率为50%，锡兰茶占36%，中国茶叶只占10%。

为了挽救华茶，采取改良叶种植、引进机器加工、设立公司、加大宣传、减轻税负等方法，“集新法之长，补旧法之短”。而其中最直接防止茶叶掺假作伪的方法就是实施茶叶出口质量检验。上海口岸开埠之后，洋行逐渐兴起，1859年达62家，主要从事进出口贸易、航运、保险、金融等业务，偶尔兼营出口商品检验，当然这些都属于商业行为，而非政府监管。1914年中国近代实业家、农商部长张謇提出：“在汉口、上海、福州等销茶地点，设立茶叶检查所，遴派富于茶叶学术经验之员，督同中西技师，前往办理。凡出口茶之色泽、形状、香气、质味，均须由检查所查验。其纯净者，分别等级，盖用合格印证；其有前项伪情弊者，盖用不合格印证，禁止其买卖。”次年设立永嘉茶叶检验处，查温州茶叶、禁假茶出口。1928年民国《工商行政纲要》提出：“于全国重要通商口岸设立商品检验局，举各种重要商品加以检验，一方面限制窳劣商品不得输出，使我国商人于世界增进其贡献；另一方面证明我国输出商品其优良已合于文明各国需要，而不得再事藉口禁止输入。”次年3月上海商品检验局成立，对棉花、生丝、豆类、桐油、牲畜正副产品等中国重要输出商品实施检验，颇具效果，中国植物病理学教育先驱邹秉文任局长，1932年蔡元培三子、畜牧兽医学家蔡无忌接任局长。1930年中国著名农学家、被誉为“当代茶圣”的吴觉农任职上海商品检验局，制定一整套出口茶叶检验标准、细则与实施办法，首创茶叶出口口岸和产地检验制度。茶叶检验制度的建立和机构设立对出口华茶质量起到明显的监督作用，有效地防范了茶叶掺假作伪的现象。

鸦片战争后的中国国力衰弱，商品质量水平总体落后，掺假作伪现象层出不穷。茶叶作为中国大宗出口商品，因掺假作伪严重自然备受关注。事实上，除茶叶外其他商品掺假作伪问题同样严重，如一些奸商在棉花中掺水增重，以至于英商船上的棉花过了赤道之后全部腐朽发霉。宁波及其附近的草帽、草席出口一度兴旺，但因质量低劣、工艺粗糙，致使出口几乎完全停滞。而此时政府根本无力顾及质量安全，无法建立国内监管制度。对外贸易是中国与世界的交接点，首当其冲地受到英美法等国对食品质量安全越来越严格的监管压力，于是率先与世界接轨，开始实施出口商品检验，探索建立相关监管制度。相比之下，中国国内市场的质量安全管理体系的建立要迟很多。

中国近代卫生防疫的起步

对外贸易促进货物全球流动和经济发展的同时，也带来安全问题，严把进口关才能维护本国老百姓的生命财产安全。然而近代中国口岸质量安全监管重心则放在出口环节，以此促进中国对外贸易发展，仅对少数进口商品实施检验。20世纪初期开始，西方化学肥料开始输入中国，在沿海经济发达地区的推销和使用。由于不法商人用劣货假冒化肥在市场混售，欺骗农民以致严重影响农业生产。1929年7月起，上海农产物检查所对进口肥料执行检验管理。1930年3月，该所又奉令增设蚕种检查所，办理进口蚕种和国内自制蚕种的检验，防止蚕病传播，以此保护蚕丝生产，由此揭开了上海实施进口商品检验的开端。

货物商贾往来产生最大的安全隐患是传染病，其直接威胁着人类生命健康。开始于公元541年的一场鼠疫肆虐了半个世纪，四分之一的东罗马帝国人口失去生命，17世纪、18世纪的天花造成欧洲1.5亿人死亡，一战后的西班牙流感夺去起码2000万人的性命。随着世界贸易发展，传染病跨地区风险越来越大。1340年开始，起源于亚洲西南部的鼠疫散布到欧洲，造成全世界约7500万人死亡，其中2500万为欧洲人。1348年，意大利在威尼斯港建立了世界上第一个卫生检疫站，以防止鼠疫等传染病传入国内，首创口岸卫生检疫。从1817年，霍乱从印度恒河三角洲蔓延到欧洲，又到达北美并波及整个北半球，仅印度死亡就超过3800万人。

鸦片战争后，国门打开，传染病的威胁随之而来，1846年上海口岸就有霍乱传入记录，1862年驻扎城郊的外国兵营发生霍乱，并迅速蔓延，次年7月三个周内上海每日因霍乱病死从700人增至1200人。19世纪世界性霍乱大流行均波及上海，又由上海沿交通路线一路扩散，直至北平、直隶、山东、东三省等地。1863起，清政府邀请英国人赫德担任海关总税务司，全权帮办海关事务。1873年初，南洋诸国再度流行霍乱，上海港受到威胁。当年7月，由洋人帮办的上海江海关采用西医公共卫生学理论，引入世界通行卫生检疫做法，制定四条检疫规章。8月15日，上海江海关医官亚历克山·詹梅逊对来沪船舶开检，西方轮船检疫制度就此传入，开中国卫生检疫之先河。随后，中国各对外港口相继效仿实施海港检疫。翌年，上海江海关制订《上海口各国洋船从有传染病症海口来沪章程》，规定:“倘船上有许多传染病例，卫生官员可令船舶航行到吴淞口红色浮标之外。”其后，上海海港检疫规章制度逐步完善，1894年在杨树浦建立检疫机构，1905年和1911年分别在张华浜和三汊港设立防疫医院，1912年在吴淞建立里检疫处，监测鼠疫、霍乱、天花、斑疹伤寒、黄热病等传染病，并对出入境人员接种预防天花、霍乱等疫苗。这些措施不仅有效防范外来传染病传播到中国，而且引导建立近现代中国公共卫生防治体系。从这个意义上看，洋人帮办卫生检疫固然有保护租界、维护贸易的利己目的，但客观上使中国卫生检疫一开始就引入世界先进做法。

中国近代卫生防疫和一个人密切相关，他是马来西亚华侨伍连德，第一位获得剑桥大学医学博士学位的华人，被誉为中国检疫、防疫事业的先驱。1907年，伍连德受袁世凯邀请，担任天津陆军军医学堂副校长。1910年10月，东北发生鼠疫，疫情如江河决堤般蔓延，横扫东北平原，波及河北、山东等地，朝廷急电召伍连德受任北满防疫处总医官。伍连德采取现代隔离、加强铁路检疫、控制交通、火化鼠疫患者等多种防治手段，不到4个月就扑灭了这场夺走6万余人性命的灾难。如果没有伍连德，这场疫病夺走的中国百姓生命将不是6万，可能十倍、百倍于这个数字。1916年伍连德当选为中华医学会会长，次年又扑灭山西一场夺去16000人生命的鼠疫，1920～1921年又成功控制了东北第二次肺鼠疫大流行。

1930年7月1日，在上海成立了全国海港检疫管理处和上海海港检疫所，伍连德任处长兼任所长，接管了外国人帮办近70年的中国海港检疫机构，实现中国人自主检疫。当时海港检疫工作充分体现了国际性和现代性，多次派医官赴欧美各国考察学习先进海港检疫方法，中国和国联卫生组织保持密切联系，建立了疫情通报制度，签署认可了1926年通过的《国际卫生公约》，并以此为基础制定了《海港检疫章程》，采用了当时国际检疫新法防疫。其后，又制定了一系列组织规范、工作规范等规章制度，构建相对完备的法规体系。1925年后上海几乎年年流行霍乱，为此，1930年国民政府在海港检疫管理处设立上海（中央）霍乱防疫事务所，对外向国际卫生组织通报疫情，对内协调各方开展霍乱防治，海港检疫实现内外联通，职能远远超过了口岸防疫。在成功防御了1930年和1931年霍乱后，1932年中国出现了近百年最为强烈的霍乱流行，再加上“一·二八事变”，上海4296人染病，但由于霍乱防疫事务所采取注射菌苗、清洁水源等措施，死亡率仅7.4%，为全国最低。

30年代上半叶伍连德领导下的中国海港检疫超越那个时代，1932年后霍乱平静了4年，鼠疫销声匿迹，斑疹伤寒无流行之虞。日本因担心上海霍乱传入，曾派高级医官腾侯来沪考察，当他离开时说：“日本政府对于中国海港检疫工作深为赞美，以后对上海防疫事宜不足顾虑。”1933年国联卫生组织组长拉希曼博士认为：“中国方面之检疫工作，锐意改进，在过去3年中成绩斐然可观。”同年东南亚同行专门来沪参观学习。然而抗日战争打断了中国卫生检疫高歌猛进的步伐，1937年11月12日，“八一三”淞沪抗战结束，上海沦陷。1938年1月7日，海港检疫管理处被迫停止工作，伍连德举家重返马来避难，开设一家私人诊所为生。这年6月起上海再度爆发霍乱，成为近20年上海最严重的一次流行病，7289人死于疫病。1960年1月21日，81岁的伍连德在马来西亚槟榔屿悄然离世，没人想起这位老人曾为中国卫生检疫事业做出过杰出贡献。

责任编辑/楼燕红

专　注/用　心/服　务

潮涌钱江

□俞信荣　沈天海　杭商全媒体记者　周　珂/文

变压器，电网的主要一次设备。改革开放四十年，我国电力需求增长迅速，带动了变压器行业的快速发展。

钱江电气正是得益于改革开放的历史机遇，用长远眼量与技术创新缔造了中国变压器的名牌产品和驰名商标。

时光倒流四十二年，改革开放的前夜，一家乡镇企业悄然冒头。

在1976年，钢材、铜材还都是由国家统一分配，乡办企业还没有列入国家生产计划之中。

这一年，钱江电气只依靠着浙江省水利厅的计划内指标，生产了几十台变压器，产值7万余元。

一无资金，二无原材料，三无销路，严峻的生存危机急需破题。

便是在这举步维艰的现实中，走遍千山万水、想尽千方百计、说尽千言万语、历尽千辛万苦的“四千精神”在钱江电气凝聚，紧跟时代步伐跳脱原有束缚的战略方针逐步推进。渐渐地，钱江电气的产品在国内28个省市区的主要城网、农网和国家级、省市重点工程项目以及大型石化、钢铁、冶炼、航天航空工程领域被广泛采用。

雏形初现，雏鹰展翅

“钱江电气的第一个五年计划正是在国家‘七五’期间，我们通过转变企业发展思维，改进设备、提升工艺，占领浙江省内农村市场，完成了企业初始阶段的发展。”钱江电气董事长项忠孝如是说。

在那个百废待兴的年头，董事长项忠孝带领班子不被本地销售观念左右，屡出奇招，将销售员派往外地的电力局推介产品，首先在浙南的丽水打开了销路，而后深入到安徽省的宣城等外省地区，之后再逐步向省内各地区扩大。这样“农村包围城市”的策略，让钱江电气的销售有了转机和希望。

“八五”期间市场发展战略立足省内面向全国开拓市场。

“九五”期间以北京、上海、重庆、天津等大中城市推动全国市场全面开花。

“十五”期间又提出立足国内开拓国际市场战略。

……

“销路是有了，但企业要得到健康、快速的发展，必须引进和培养技术人才，依靠技术的进步创立自己的品牌。”项忠孝始终以发展的眼光看问题。

于是，“换血”与“充电”不间断。

钱江电气先后与浙江省计科所、浙大、浙工大、沈变所、西高所、上海交大、哈工大、清华等院校和科研机构进行技术交流与合作；分批派送技术骨干去外进修学习培训，培养了一大批技术业务骨

干，同时引进专家及高端人才，参加全国变压器行业统一设计。

同时，为拥有自主知识产权，钱江电气先后开发出20多个系列的变压器，其中多个系列产品填补国内空白，被评为国家级新产品和国家火炬计划项目。这样的动作让钱江电气在变压器的产品设计和生产能力走在行业前列。

上世纪90年代，乡镇民营企业迎来春天，党和国家正式将民营企业列入了国家发展经济的重要组成部分，钱江电气从弱小渐渐走向强大，从几十万产值到突破百万、千万的产值，也仅走过了几年时光。

打造百年名企

技术革新是一场攻坚战。开发新产品，立足省内，面向全国，提升“钱潮”品牌在市场的知名度，潮涌钱江，钱江电气走得扎实。

1993年，国内并未看好变压器铁心阶梯叠接自动生产线，钱江电气却决定贷款1500万元，从德国引进该生产线。由手工叠片到自动化的操作，大大提高了生产效率，变压器的铁心质量得到了保障，实现了一次大的跨越。产品投放市场后，客商纷至沓来。

1997年变压器市场时值“熊市”。钱江电气再次做出一个大胆的决策：以1300万元的代价收购江苏一国企从德国进口的波纹油箱生产线。项忠孝把这条生产线看作是“沉睡中的狮子”。不久，国家投资几千亿元的城网、农网改造工程启动。钱江电气的波纹油箱变压器由于技术先进，产品质量可靠，一夜之间成为市场的“香饽饽”，求之者车水马龙。

2002年，公司投资2000多万元，改造传统手工喷漆工艺，建成国内首条变压器油箱表面自动涂装生产线，填补了国内空白，成为公司经济增长新的亮点。

2005年，“钱潮”牌变压器被授予“中国名牌”和“国家免检产品”称号，2009年被授予“驰名商标”。

公司努力朝着“追求可持续发展，成为世界一流的电气设备供应商”的愿景迈进，为建设“百年钱江电气”的宏伟基业而努力！随着数字化经济、物联网、新能源等新技术的快速发展，钱江电气将继续秉承改革开放的开拓与创新精神，以电力设备制造为基石，构建企业“制造、综合能源服务、电力科技、产业发展基金”四大业务板块，以智能制造促进公司电力设备及其材料核心生产能力提升，以钱江电气智慧电力云平台助力企业数字化升级和服务升级，以培育新型电力科技给公司注入持续动力，以产业发展基金营造企业经营生态链。

责任编辑/沈意

正本清源
为好床垫 提供好面料

fresh, natural and beautiful
fabric manufacture

您可以在以下场所阅读到本刊 （排序不分先后）

西湖高尔夫
WESTLAKE GOLF CLUB

地址：杭州之江大道200号
电话：0571-8709 7799

FUCHUN RESORT
Hangzhou
富春山居高尔夫俱乐部

地址：富阳市杭富沿江公路富阳段
电话：0571-6346 1111

SANYA YALONG BAY RESORT & SPA
金茂三亚亚龙湾希尔顿大酒店

地址：三亚市亚龙湾国家旅游度假区
电话：0898-8858 8888

MARRIOTT RESORT
SANYA YALONG BAY
三亚亚龙湾万豪度假酒店

地址：三亚市亚龙湾国家旅游度假区
电话：0898-8856 8888

杭州西湖国宾馆
HANGZHOU XIHU STATE GUESTHOUSE

地址：杭州市杨公堤18号
电话：0571-8797 9889

杭州香格里拉饭店
Shangri-La hotel
HANGZHOU, CHINA

地址：杭州市北山路78号
电话：0571-8797 7951

浦东香格里拉大酒店
Pudong Shangri-La
SHANGHAI

地址：上海浦东富城路33号
电话：021-2828 6319

FOUR SEASONS HOTEL
Hangzhou at West Lake

地址：杭州市灵隐路5号
电话：0571-8829 8888

杭州开元名都大酒店
NEW CENTURY GRAND HOTEL HANGZHOU
HANGZHOU CHINA

地址：杭州市萧山区市心中路818号
电话：0571-8288 8888

浙商开元名都酒店
GRAND NEW CENTURY HOTEL
Yuhang Hangzhou

地址：杭州市余杭区南苑街道迎宾路535号
电话：0571-8857 8888

海南棋子湾开元度假村
NEW CENTURY RESORT
Qizi Bay Hainan

地址：海南昌江棋子湾旅游景区广德路
电话：0898-3115 6666

杭州盛泰开元名都大酒店
GRAND NEW CENTURY HOTEL
Xiasha Hangzhou

地址：杭州经济技术开发区5号大街297号
电话：0571-8827 9999

绍兴开元名都大酒店
NEW CENTURY GRAND HOTEL SHAOXING
SHAOXING CHINA

地址：绍兴市越城区人民东路278号
电话：0575-8809 8888

诸暨耀江开元名都大酒店
YAOJIANG NEW CENTURY GRAND HOTEL ZHUJI
SHAOXING CHINA

地址：诸暨市环城东路207号
电话：0575-8879 8888

杭州千岛湖开元度假村
NEW CENTURY RESORT QIANDAO LAKE HANGZHOU
HANGZHOU CHINA

地址：杭州市淳安千岛湖镇麒麟半岛
电话：0571-6501 8888

杭州千岛龙庭开元大酒店
LONGTING NEW CENTURY HOTEL QIANDAO LAKE HANGZHOU
HANGZHOU CHINA

地址：杭州市淳安县千岛湖环湖南路1号
电话：0571-6506 8888

浙江三立开元名都大酒店
SANLI NEW CENTURY GRAND HOTEL ZHEJIANG
HANGZHOU CHINA

地址：杭州市下城区绍兴路538号
电话：0571-8509 9999

桐庐开元名都大酒店
NEW CENTURY GRAND HOTEL TONGLU
HANGZHOU CHINA

地址：杭州市桐庐白云源路999号
电话：0571-6981 8888

余姚四明湖开元山庄
NEW CENTURY RESORT SIMING LAKE
YUYAO CHINA

地址：余姚市梁弄镇狮子山
电话：0574-6237 7777

DAYU KAIYUAN
大禹·開元

地址：绍兴市二环南路1988号
电话：0575-8829 8888

SOFITEL
LUXURY HOTELS
杭州索菲特西湖大酒店
HANGZHOU WESTLAKE

地址：杭州市西湖大道333号
电话：0571-8707 5858

地址：杭州市萧山区城厢街道湘湖路697号
电话：0571-8222 7777

CROWNE PLAZA
HANGZHOU XANADU RESORT
杭州世外桃源皇冠假日酒店

地址：杭州市萧山区湘湖路3318号
电话：0571-8388 0888

INTERCONTINENTAL.
ONE THOUSAND ISLAND LAKE RESORT
千岛湖洲际度假酒店

地址：淳安县千岛湖镇羡山半岛
电话：0571-8881 8888

HANGZHOU
QIANDAO LAKE RESORT
杭州千岛湖滨江希尔顿度假酒店

地址：淳安县千岛湖环湖北路600号
电话：0571-6508 6666

QIANDAO LAKE·CHINA
千岛湖梅地亚君澜度假酒店

地址：淳安县千岛湖镇梦姑路488号
电话：0571-6498 8888

千岛湖润和建国度假酒店
QIANDAOHU RUNHE JIANGUO HOTEL
杭州 HANGZHOU

地址：淳安县千岛湖镇梦菇路298号
电话：0571-6508 9999

Resort Qiandao Lake
千岛湖伯瑞特度假酒店

地址：淳安县千岛湖镇港口路369号
电话：0571-6499 7777

千岛湖温馨岛蝶来度假酒店
DEEFLY THOUSAND-ISLAND LAKE HANGZHOU

地址：杭州市淳安县千岛湖镇温馨岛
电话：0571-6501 2888

Sheraton
Hangzhou
WETLAND PARK
RESORT
杭州西溪喜来登度假酒店

地址：杭州市紫金港路西溪天堂
电话：0571-8500 2222

WU ZHI ZHOU CORAL HOTEL
蜈支洲岛珊瑚酒店

地址：三亚市海棠湾镇蜈支洲岛
电话：0898-8885 3666

ZHEJIANG NARADA GRAND HOTEL
浙江世贸君澜大饭店
★ ★ ★ ★ ★

地址：杭州市曙光路122号
电话：0571-8799 0888

FOUR POINTS BY SHERATON
Hangzhou Binjiang
杭州龙禧福朋
喜来登集团酒店

地址：杭州市滨江区东信大道868号
电话：0571-2887 8888

蝶来浙江宾馆
DEEFLY ZHEJIANG HOTEL

地址：杭州市三台山路278号
电话：0571-8718 0808

BANYAN TREE
HANGZHOU
杭州西溪悦榕庄

地址：西湖区紫金港路21号西溪天堂
电话：0571-8586 0000

ANGSANA
杭州西溪
悦椿度假酒店

地址：西湖区紫金港路21号西溪天堂
电话：0571-8500 2000

XIXI HOTEL
HANGZHOU
杭州西溪宾馆

地址：杭州市西湖区文二西路803号
电话：0571-8539 6666

GRAND METRO Park HOTEL
杭州维景国际大酒店
Hangzhou
★ ★ ★ ★ ★

地址：杭州市平海路2号
电话：0571-8708 8088

GRAND PARKRAY HANGZHOU
杭州雷迪森铂丽大饭店

地址：杭州市萧山区市心北路108号
电话：0571－8378 8888

PLAZA HOTEL HANGZHOU
杭州国大雷迪森广场酒店

地址：杭州市下城区体育场路333号
电话：0571-8515 8888

LONGJING RESORT HANGZHOU
杭州龙井雷迪森庄园

地址：杭州市西湖区龙井路里鸡笼山86号
电话：0571-8691 6666

RESORT TONGLU
桐庐雷迪森度假酒店

地址：杭州市桐庐城南街道金中路1号
电话：0571-6433 3999

TAI LAKE RESORT HUZHOU
湖州太湖雷迪森温泉度假酒店
★ ★ ★ ★ ★

地点：太湖旅游度假区梅洲路288号
电话：0572-213 6688

LEIDISEN WINNING HOTEL
雷迪森万锦大酒店

地址：上虞市市民大道555号
电话：0575-8279 8888

LANDISON
PUTUOSHAN RESORT ZHOUSHAN
舟山普陀山雷迪森庄园

地址：舟山市普陀山法雨路115号
电话：0580-669 0666

舟山凤凰岛雷迪森假日酒店
PHOENIX ISLAND RESORT
ZHOUSHAN

地址：舟山市定海区青垒路120号凤凰岛
电话：0580-803 1188

NARADA
Resort & Spa Liangzhu
ZHEJIANG CHINA
良渚君澜度假酒店

地址：杭州余杭区良渚文化村内
电话：0571-8900 8888

金馬飯店
Jinma Palace
★★★★★
HANGZHOU CHINA

地址：杭州市萧山区通惠中路218号
电话：0571-8288 7888

Hangzhou 1000Island Lake
Greentown Resort Hotel
杭州千岛湖绿城度假酒店

地址：淳安县千岛湖镇新安北路
电话：0571-6508 8888

GONGWANG 公望会

地址：富阳东洲街道株林坞万科公望会
电话：0571-8719 6166

GONGWANG 公望会

地址：良渚文化村白鹭郡南春漫里
电话：0571-8876 7755

陆羽山庄
LUYU RESORT
HANGZHOU CHINA
★★★★★

地址：余杭区径山镇双溪漂流景区内
电话：0571-8850 2888

东方豪生大酒店
Oriental Deluxe Hotel

地址：杭州市艮山西路288号
电话：0571-8676 7888

杭州大華飯店
HANGZHOU
★★★★

地址：杭州市南山路171号
电话：0571-8718 1888

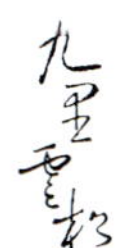

九里云松
PINS DE LA BRUME

地址：杭州市灵隐路18-8号
电话：0571-8798 7999

XIXUAN
SPA HOTELS

地址：杭州市紫金港路西溪天堂
电话：0571-8500 2888

Oakwood
Residence
HANGZHOU
杭州奥克伍德国际酒店公寓

地址：杭州市教工路28号
电话：0571-8899 3131

紹興國際大酒店
Shaoxing International Hotel
★★★★★

地址：绍兴市府山西路100号
电话：0575-8516 6788

XIANHENG
咸亨大酒店
HOTEL
★★★★★

地址：绍兴市解放南路680号
电话：0575-8806 8688

半岛酒店
Peninsula Hotel
NINGBO CHINA
宁波石浦半岛酒店

地址：宁波市象山县金山路218号
电话：0574-6599 9999

桐庐世贸大酒店
WORLD TRADE HOTEL
TongLu·China

地址：浙江桐庐迎春南路36号
电话：0571-6999 9999

HONGLOU
INTERNATIONAL HOTEL
浙江红楼国际饭店

地址：杭州市桐庐县富春路158号
电话：0571-6987 8888

恒元大酒店
Hengyuan Hotel
Cixi China

地址：慈溪市杭州湾区滨海一路55号
电话：0574-5858 9999

假日酒店
Holiday Inn
杭州萧山众安
HANGZHOU XIAOSHAN

地址：杭州市萧山区山阴路688号
电话：0571-8297 7777

乌镇黄金水岸大酒店
Gold River-Side Hotel WuZhen

地址：嘉兴市桐乡乌镇青镇路8号
电话：0573-8872 8888

建德半岛凯豪大酒店
JIANDE PENINSULA KAIHAO HOTEL

地址：杭州市建德新安东路688
电话：0571-6418 5888

RAMADA PLAZA
HANGZHOU XIAOSHAN
杭州英冠华美达广场酒店

地址：萧山临江工业园区经五路98-18号
电话：0571-8381 1777

SOUTH CHINA
浙江南国大酒店
★★★★★

地址：富阳市馆驿里8号
电话：0571-6313 8888

寶盛水博園大酒店
Blossom Water Museum Hotel

地址：杭州市萧山区水博大道8号
电话：0571-8350 0888

君亭湖滨酒店
SSAW HOTELS

地址：杭州市解放路221号
电话：0571-2803 3666

世贸·君亭艺联酒店
SSAW HOTELS

地址：杭州市学院路29号
电话：0571-8512 2666

世贸·君亭广场酒店
SSAW HOTELS

地址：杭州市体育场路261号
电话：0571-2811 6666

和孚
THE HOSTEL

杭州和孚精舍

地址：杭州上城区万松岭路94号
电话：0571-8655 7700

云庐山庄
Wintersweet Mountain Retreat

地址：中国 杭州余杭超山风景名胜区
电话：0571-8631 5700

大年初一
SPRING ALPHA RESORT
风景小镇

地址：安吉县天荒坪镇大年初一风景小镇
电话：0572-585 0000

CAMPSORT
帐篷客

地址：湖州市安吉县大山坞自然村68号
电话：0572-513 8166

Hilton
DALI RESORT & SPA
大理实力希尔顿酒店

地址：大理市七里桥感通路以南
电话：0872-668 8888

阿尔卡迪亚阳光酒店
ARCADIA SUNSHINE HOTEL

地址：黄山市黄山区太平湖金盆湾
电话：0559-219 8888

CROWNE PLAZA
HUANGSHAN TAIPING LAKE
黄山太平湖绿地皇冠假日酒店

地址：黄山区太平湖风景区滨湖大道一号
电话：0559-529 8888-8301

ORIENTAL GRAND HOTEL
SHAOXING
东方山水金沙酒店

地址：绍兴市柯桥区稽山南路88号
电话：0575-8999 0000

象山港国际大酒店
XSHHOTEL
NINGBO CHINA

地址：宁波市象山县象山港路1111号
电话：0574-6577 8888

舟山普陀山祥生大酒店

地址：舟山市普陀区普陀山镇合兴西苑
电话：0580-669 6666

龍泉國際大酒店
LONGQUAN INTERNATIONAL HOTEL

地址：龙泉市剑池东路29号
电话：0578-718 8000

富阳国际贸易中心大酒店
INTERNATIONAL TRADE CENTER
HOTEL F.Y.
★★★★★

地址：富阳江滨西大道56号
电话：0571-2323 8888

NARADA
Resort & Spa
MIRROR LAKE · CHINA
君澜·绍兴鉴湖大酒店

地址：绍兴市柯岩大道518号
电话：0575-8556 8888

CROWNE PLAZA
SHAOXING
绍兴世茂皇冠假日酒店

地址：绍兴市越城区胜利东路379号
电话：0575-8910 8888

战略合作联盟

阿里巴巴（中国）网络技术有限公司

地址：杭州市滨江区网商路699号
电话：0571-8502 2088

杭州娃哈哈集团有限公司

地址：杭州市清泰街160号
电话：0571-8788 0592

开元旅业集团
NEW CENTURY TOURISM GROUP

地址：杭州市萧山区市心中路818号
电话：0571-8288 8888

浙江科发资本管理有限公司

地址：下城区庆春路38号金龙财富中心
电话：0571-8993 9939

开氏集团有限公司

地址：杭州市萧山区衙前镇
电话：0571-8278 3388

High Fashion International
達利國際集團

达利国际集团

网址：www. highfashion. com. hk
邮箱：info@highfashion. com. hk

水欣控股
SHUI XIN HOLDING

浙江水欣控股集团有限公司

地址：杭州市寰宇商务中心A座2005室
电话：0571-8160 7532

港流科技

浙江港流高分子科技股份有限公司

地址：杭州市钱江世纪城民和路800号
电话：0571-8587 0851

《杭商》还向以下单位提供阅读服务

机场

北京首都国际机场
上海浦东国际机场
上海虹桥国际机场
天津滨海国际机场
重庆江北国际机场
沈阳桃仙国际机场
大连周水子国际机场
广州白云机场
深圳宝安国际机场
三亚凤凰国际机场
厦门高崎机场
杭州萧山国际机场
宁波栎社国际机场

图书馆

中国国家图书馆
首都图书馆
上海市图书馆
天津图书馆
重庆市图书馆
河北省图书馆
石家庄市图书馆
山西省图书馆
太原市图书馆
内蒙古图书馆
黑龙江省图书馆
哈尔滨市图书馆总馆
吉林省图书馆
长春市图书馆
辽宁省图书馆
沈阳市图书馆
广东省中山图书馆
广西壮族自治区图书馆
南宁图书馆
海南省图书馆
海口图书馆
湖北省图书馆
武汉图书馆
安徽省图书馆
合肥市图书馆
江苏省图书馆
南京市图书馆
山东省图书馆
济南市图书馆
浙江图书馆
杭州图书馆
福建省图书馆
福州市图书馆
江西省图书馆
南昌市图书馆
湖南省图书馆
长沙市图书馆
河南省图书馆
郑州市图书馆
陕西省图书馆
西安市图书馆
甘肃省图书馆
兰州市图书馆
新疆维吾尔自治区图书馆
乌鲁木齐图书馆
青海省图书馆
西宁图书馆
宁夏图书馆
银川图书馆
四川省图书馆
成都市图书馆
贵州省图书馆
贵阳市图书馆
云南省图书馆
昆明图书馆
西藏自治区图书馆
拉萨市图书馆

以下人士是《杭商》赠阅的主要对象

★国家有关部委领导，浙江省及省内地级或以上城市领导；
★国家及省级有关经济研究机构负责人；
★杭州市级机关领导班子成员，各县（市、区）领导班子成员及县（市、区）管干部；
★在杭国家级及省级开发区领导班子成员；
★世界企业500强在杭机构，在杭中央、省属国企，杭州市大企业大集团、重点企业、拟培育重点工业企业负责人；
★其他我们认为有赠阅价值的各界人士……

会 长:
王水福　西子联合控股有限公司董事长
常务副会长:
聂忠海　杭汽轮集团有限公司董事长
轮值会长:
胡季强　康恩贝集团有限公司董事长
蒋　明　杭氧集团有限公司董事长
沈金荣　中策橡胶集团有限公司董事长
竺福江　杭州民生医药控股集团有限公司董事长
童民强　杭州解百集团股份有限公司董事长
陆鸿敏　杭州金鱼电器集团有限公司董事长
钱　峰　浙江文创控股集团有限公司董事长
屠红燕　万事利集团有限公司董事长
张国标　富春控股集团有限公司董事长
田　宁　浙江盘石信息技术有限公司董事长兼首席执行官
王麒诚　汉鼎宇佑集团有限公司董事长
陶晓莺　三替集团有限公司董事长
郑晓峰　杭州千岛湖啤酒有限公司董事长
副会长:
辛　薇　杭州市政协巡视员
吴晓波　浙江大学管理学院院长、浙江大学全球浙商研究院院长
陈　智　浙江大学医学院常务副院长、教授
王曙光　浙商研究会副会长、浙江大学管理学院研究员、教授
杨轶清　浙商研究会副会长、浙江工商大学浙商研究院副院长
胡宏伟　浙商研究会副会长、东方早报副社长兼浙江分社社长
徐王婴　浙商研究会副会长、秘书长
张晓敏　杭商研究会常务副秘书长
郭常平　浙江大学继续教育学院副院长
仇建平　巨星投资控股集团有限公司董事长
汪建敏　杭州千岛湖发展有限公司总经理
陈烟土　浙江新南北控股集团有限公司董事长
陈贤兴　利尔达科技集团股份有限公司董事长
张　晨　杭州联合银行董事长
吴启元　浙江君亭酒店管理股份有限公司董事长
章国经　西湖电子集团有限公司党委书记、董事长
朱明虬　思美传媒股份有限公司董事长
叶水泉　杭州源牌集团有限公司董事长
陈　斌　赛伯乐基金创始合伙人兼总裁
徐建军　开始众筹创始人兼CEO
张良伦　贝贝网创始人兼CEO
管建平　风雅颂扬文化传播集团（杭州）有限公司董事长
秘书长:
辛　薇　杭州市政协巡视员
常务副秘书长:
张晓敏　杭州市杭商研究会常务副秘书长（兼）
副秘书长:
姚丽萍　杭报集团副总编辑
张国华　杭州种业集团副总经理
莫兆洋　杭氧集团有限公司办公室主任
叶芙蕾　杭州解百股份有限公司综合办公室主任
付立飞　西子联合控股有限公司党办主任
李　波　杭州金鱼电器集团有限公司总经理助理
倪国良　中策橡胶集团有限公司办公室主任
陈燕平　康恩贝集团公司总裁办副主任
茅丽红　民生药业集团有限公司办公室主任
周永亮　华东医药股份有限公司副总经理
汪君玮　杭州市文化创意协会常务秘书长
袁　秩　富春控股集团有限公司董办副主任
钟晓晓　农夫山泉股份有限公司总裁办主任
王　红　浙江盘石信息技术有限公司总裁办主任
叶　臻　三替集团有限公司董事长助理
闻光凯　汉鼎宇佑集团有限公司董事长助理
刘铁军　杭州市金融投资集团办公室主任
程　翀　万事利集团有限公司办公室主任
陈明亮　杭汽轮集团有限公司办公室副主任
许君波　杭州市发展研究中心文化建设研究处副处长
王　莉　杭州市杭商研究会培训中心主任

韩建明 摄

ALLIANCE OF HANGZHOU BUSINESS INTERNATIONAL INNOVATION

杭商国际化创新联盟

杭商国际化创新联盟成立于2016年8月，是杭商培育品牌、记录成就、展示成果、沟通信息、交流经验的重要阵地。联盟联合国内顶级经济智库，优质创投公司，境外一线财富管理机构、医疗服务部门，中央及省市新闻单位，为成员单位提供国内资产优化、创业投资、财富管理、海外体检医疗及媒体资源整合等服务。

主席团

宗庆后　娃哈哈集团有限公司董事长
汪力成　华立集团股份有限公司董事局主席
王水福　西子联合控股有限公司董事长
陈妙林　开元旅业集团有限公司董事长
周立武　兴源环境科技股份有限公司董事长
陈越孟　浙商创投股份有限公司董事长
陈晓锋　浙江科发资本管理有限公司董事长
张国强　凯喜雅集团董事长
邱娣兵　品融控股集团董事长
林典誉　达利（中国）有限公司总经理
方吾校　胜达集团有限公司董事局主席
马仁德　香港好德利集团董事局主席
田　宁　盘石网盟董事长
应仁忠　西纳维思（杭州）服装服饰有限公司董事长
陈　敏　杭州利星名品百货广场有限公司董事长
项兴良　开氏集团有限公司董事长
钱培鑫　浙江和康医疗集团董事长
蒋文龙　浙江水欣集团股份有限公司董事长
傅妙奎　柳桥集团有限公司董事长

常务理事

丁国良　杭州天创环境科技股份有限公司董事长
王真震　浙江信网真科技股份有限公司董事长
叶水泉　源牌集团董事长
卢敬锋　杭州乾球环境工程有限公司董事长
刘　琼　杭州米络科技有限公司董事长
刘红才　浙江申通快件服务有限公司总经理
华建华　杭州域农科技股份有限公司董事长
江有归　杭州泰一指尚科技有限公司董事长
何永富　杭州之江有机硅化工有限公司董事长
沈新荣　杭州哲达科技股份有限公司董事长兼总裁
沈铁伟　杭州市信息安全产业园总经理
邵海燕　浙江尚哲投资管理有限公司董事长
陈　凯　杭州华普永明光电股份有限公司董事长
吴家平　杭州佳平影业有限公司董事长
吴俊宏　浙江远图互联科技股份有限公司董事长
陆张法　浙江宏发集团有限公司董事长
张朝设　浙江港流高分子科技股份有限公司董事长
杨　华　杭州紫邦园林有限公司董事长
杨隐峰　浙江泛嘉控股有限责任公司董事长
孟宏亮　杭州元弘投资管理有限公司董事长
范　渊　杭州安恒信息技术有限公司董事长
郑　历　杭州明视康眼科医院院长
胡　强　杭州中广物业管理服务有限公司董事长
胡敏翔　杭州绩优投资管理有限公司董事长
高　敏　汉帛国际有限公司总裁
顾惠波　浙江甲骨文超级码科技股份有限公司董事长
倪卫明　杭州田厚市政有限公司董事长
章金顺　杭州西苑跨湖楼餐饮有限公司董事长
童妙兴　杭州汇成建设工程有限公司董事长
傅　丽　浙江路易房地产开发有限公司董事长

理事

马仁爱　杭州红研颜料化工有限公司总经理

马雪峰　杭州涌源投资有限公司董事长
王玲娟　浙江金迪控股集团有限公司总经理
王　炜　浙江荣庆工程管理有限公司董事长
田伟建　杭州田野提花织造有限公司董事长
冯水军　杭州铭绿建材有限公司总经理
李　敏　浙江人众金融服务股份有限公司董事长
许凤娟　杭州南峰非织造布有限公司总经理
汪娅平　浙江蕾蕾美颜连锁发展有限公司董事长
张　俊　杭州发达齿轮箱集团有限公司董事长
张子钢　杭州掌维科技股份有限公司董事长
杨水福　杭州重型钢管有限公司董事长
沈　迪　杭州映山花颜料化工有限公司董事长
沈　源　杭州开元管件有限公司董事长
沈浙皓　浙江美邦实业集团有限公司董事长
邹怡臻　杭州铁集货运股份有限公司总经理
陈　伟　杭州万达方向机有限公司董事长
陈国火　浙江数通实业有限公司董事长
陈张洪　杭州潮洪建材有限公司董事长
汪国灿　杭州萧山佳美保洁有限公司总经理
李利珍　浙江力禾集团有限公司董事长
陆长兴　杭州杭新印花整理有限公司总经理
周友春　杭州萧山园林集团有限公司董事长
俞春根　浙江久工精密机械有限公司董事长
俞正泉　安徽满贯农业科技有限公司董事长
赵丽萍　杭州花之城纺织有限公司总经理
高清淼　杭州巨创网络科技有限公司董事长
高利峰　杭州祥程资产管理有限公司董事长
桑张耿　浙江舜达伟业物资有限公司总经理
翁建坤　杭州航峰金属材料制造有限公司董事长
莫甫根　杭州金南工量具有限公司董事长
黄成安　紧商科技股份有限公司董事长
朱念东　林森建设集团董事长
程常杰　浙江天蓝环保技术股份有限公司总经理
曾曙光　浙江融哲律师事务所主任
楼伟杰　杭州海尔希畜牧科技有限公司董事长
蔡才勤　浙江萧山建宏商品混凝土有限责任公司总经理
蔡志楣　杭州钱浪涂料科技有限公司董事长

会员

丁兆祥　杭州晨莹自行车配件有限公司总经理
卜士良　杭州吉利机械有限公司董事长
王国林　杭州豪康幕墙装饰有限公司总经理
汤劲刚　杭州塞勒尼光电科技有限公司董事长
杨　云　杭州晓阳水产品有限公司董事长
范小明　浙江恒迪寝具有限公司总经理
俞悦利　杭州悦达市政建设工程有限公司总经理
赵万里　杭州瑞丰汉艺纺织品有限公司董事长
高贤军　杭州华美制衣有限公司总经理
高尧泉　杭州萧山建一五金有限公司总经理
徐红英　杭州萧山鼎福门大酒店总经理
傅世根　杭州天宇化工有限公司总经理
傅小青　杭州通绿机械有限公司总经理
缪建章　杭州杭新印花整理有限公司厂长

图书在版编目（CIP）数据

杭商. 2019（第一辑）/《杭商》编辑部编. —北京：经济管理出版社，2019.1
ISBN 978-7-5096-6370-7

Ⅰ. ①杭…　Ⅱ. ①杭…　Ⅲ. ①商业史—研究—杭州　Ⅳ. ①F729

中国版本图书馆CIP数据核字（2019）第013438号

出　　版： 经济管理出版社
（北京市海淀区北蜂窝8号中雅大厦A座11层　100038）
责任编辑： 张巧梅
电　　话：（010）51915602
经　　销： 新华书店
印　　刷： 杭州强顺印刷有限公司

开　　本： 210mm×285mm　1/16
印　　张： 11
字　　数： 325千字
版　　次： 2019年1月第1版
印　　次： 2019年1月第1次印刷

书　　号： ISBN 978-7-5096-6370-7
定　　价： 30.00元